LIVRE DE CUISINE POUR MULTICUISEUR NINJA COMBI

Cuisinez sans effort avec des recettes polyvalentes : des dîners rapides en semaine aux repas gastronomiques pour chaque occasion

D1726228

Amelia Harper

CONTENU

Introduction

⬚ Message de bienvenue

Bienvenue à la **Livre de recettes multicuiseur Ninja Combi**! Vous avez fait un choix merveilleux en achetant ce livre, et je suis ravi de vous rejoindre dans ce passionnant voyage de découverte culinaire. Que vous soyez un chef chevronné ou un novice en cuisine, ce livre de recettes est conçu pour vous aider à libérer tout le potentiel de votre multicuiseur tout-en-un Ninja Combi.

Lorsque j'ai déballé mon multicuiseur Ninja Combi pour la première fois, j'étais à la fois rempli d'enthousiasme et d'un peu d'appréhension. La promesse d'un appareil capable de saisir, faire sauter, cuire lentement, cuire au four, frire à l'air libre et bien plus encore semblait presque trop belle pour être vraie. Je vais être honnête : mes premières tentatives étaient loin d'être parfaites. Il y a eu des moments de confusion et de frustration alors que je parcourais les différentes fonctions et paramètres. Mais j'ai persévéré et petit à petit, avec de la pratique et de la patience, tout a commencé à s'enclencher.

Tout comme moi, vous trouverez peut-être la courbe d'apprentissage un peu abrupte au début. Il y a beaucoup à apprendre, et maîtriser cet outil polyvalent nécessite une attention aux détails et une volonté d'expérimenter. Mais rassurez-vous, ce voyage, même s'il est parfois difficile, sera incroyablement enrichissant. Chaque recette de ce livre est conçue pour vous guider étape par étape, vous aidant à comprendre les capacités de l'appareil et comment en tirer le meilleur parti.

Ce livre de cuisine est votre guide complet, rempli de conseils pratiques, d'instructions détaillées et de délicieuses recettes qui mettent en valeur la polyvalence du Ninja Combi. Des dîners rapides en semaine aux repas élaborés pour des occasions spéciales, vous trouverez tout ce dont vous avez besoin ici. L'objectif est de rendre la cuisine avec votre multicuiseur Ninja Combi non seulement gérable, mais aussi agréable et inspirante.

Alors, respirez profondément et plongez. Embrassez chaque recette comme une nouvelle aventure, sachant qu'il est parfaitement normal de faire des erreurs et d'apprendre au fur et à mesure. Avec de la patience et de la pratique, vous vous retrouverez bientôt à créer sans effort des plats qui impressionnent et ravissent.

Merci d'avoir choisi ce livre comme compagnon culinaire. Asseyez-vous bien, restez ouvert à l'apprentissage et, surtout, amusez-vous ! Tous les grands chefs ont commencé quelque part, et avec le Ninja Combi Multicooker, vous êtes déjà sur la bonne voie.

À propos du multicuiseur tout-en-un Ninja Combi

Le multicuiseur tout-en-un Ninja Combi est un appareil de cuisine révolutionnaire conçu pour rationaliser et améliorer votre expérience culinaire. Il rassemble plusieurs fonctions de cuisson dans un seul appareil polyvalent, ce qui facilite plus que jamais la préparation d'une grande variété de repas avec un minimum d'effort et un maximum de saveur.

Une multitude de fonctions dans un seul appareil

Au cœur du Ninja Combi se trouve sa capacité à exécuter de nombreuses techniques de cuisson avec précision et facilité. Voici un aperçu de ce que cette centrale peut faire :

1. **Cuisson sous pression :** Accélérez votre temps de cuisson sans sacrifier la saveur ou la tendreté. Parfait pour les coupes de viande dures, les ragoûts et les haricots.

2. **Friture à l'air :** Obtenez des résultats croustillants et dorés avec peu ou pas d'huile. Idéal pour des versions plus saines de vos aliments frits préférés.

3. **Fumant:** Faites cuire des légumes, des fruits de mer et bien plus encore tout en préservant les nutriments et l'humidité.

4. **Sear/Sauté:** Faites dorer les viandes et faites sauter les légumes directement dans la casserole pour créer des couches de saveur.

5. **Cuisson lente :** Laissez les saveurs se fondre au fil du temps pour des repas délicieux et copieux comme les soupes, les ragoûts et les rôtis.

6. **Pâtisserie:** Des gâteaux au pain, la fonction cuisson vous permet de déguster des produits fraîchement cuits sans avoir besoin d'un four conventionnel.

7. **Grillage:** Grillez rapidement et uniformément le pain et d'autres articles pour des résultats parfaits à chaque fois.

8. **Pizza:** Préparez des pizzas parfaites avec des croûtes croustillantes et du fromage gluant directement dans votre multicuiseur.

9. **Sous Vide:** Faites cuire les aliments à des températures précises grâce à la méthode sous vide pour des plats tendres et parfaitement cuits.

10. **Griller :** Ajoutez une touche finale de caramélisation ou faites fondre le fromage à la perfection.

11. **Vérification :** Idéale pour la pâte à pain, la fonction de levée aide votre pâte à lever de manière uniforme et constante.

12. **Repas combinés :** Combinez plusieurs méthodes de cuisson dans une seule casserole pour des repas complets et équilibrés.

13. **Combi Crisp :** Cuisinez et croustillez les aliments en une seule fois, garantissant des intérieurs tendres et des extérieurs croustillants.

14. **Cuisson combinée :** Cuisinez et terminez vos plats avec une croûte dorée parfaite.

Conçu pour la facilité et l'efficacité

Le multicuiseur tout-en-un Ninja Combi est conçu pour le confort de l'utilisateur. Son panneau de commande intuitif vous permet de basculer facilement entre les fonctions, de régler les temps de cuisson et d'ajuster les températures en quelques clics. La technologie intelligente de l'appareil garantit une cuisson uniforme, des résultats cohérents et une transition fluide entre les différentes méthodes de cuisson.

Peu encombrant et rentable

En regroupant plusieurs gadgets de cuisine en un seul, le multicuiseur Ninja Combi permet d'économiser un espace précieux sur le comptoir et réduit le besoin de nombreux appareils à usage unique. Il s'agit d'une solution rentable pour tous ceux qui cherchent à maximiser la fonctionnalité de leur cuisine sans compromettre la qualité ou la variété.

Parfait pour chaque cuisinier

Que vous soyez un parent occupé cherchant à simplifier la préparation des repas, une personne soucieuse de sa santé souhaitant cuisiner des repas plus sains ou un fin gourmet aventureux désireux d'expérimenter de nouvelles recettes, le multicuiseur Ninja Combi a quelque chose à offrir. Sa polyvalence et sa facilité d'utilisation en font un ajout précieux à toute cuisine, capable de tout gérer, des dîners rapides en semaine aux festins élaborés du week-end.

Ce livre de recettes est conçu pour vous aider à naviguer et à maîtriser les nombreuses fonctionnalités du multicuiseur tout-en-un Ninja Combi. Avec des instructions détaillées, des conseils pratiques et une variété de délicieuses recettes, vous découvrirez bientôt tout ce que cet appareil remarquable peut faire. Bienvenue dans une nouvelle ère de simplicité et de polyvalence en cuisine !

☐ Avantages de l'utilisation du multicuiseur Ninja Combi

Voici un aperçu complet de ce qui fait du Ninja Combi Multicooker un ajout inestimable à toute cuisine :

1. Multifonctionnalité

L'une des caractéristiques remarquables du Ninja Combi Multicooker est sa capacité à exécuter plusieurs fonctions de cuisson au sein d'un seul appareil. Que vous souhaitiez cuire sous pression, frire à l'air libre, faire sauter, cuire à la vapeur, cuire au four, griller ou même sous vide, cet appareil est là pour vous. Cette multifonctionnalité vous évite non seulement d'avoir à jongler avec plusieurs appareils, mais libère également un espace précieux sur votre comptoir.

2. Efficacité du temps

Grâce à sa technologie de cuisson avancée, le Ninja Combi Multicooker réduit considérablement les temps de cuisson. La cuisson sous pression, par exemple, peut préparer des repas jusqu'à 70 % plus rapidement que les méthodes traditionnelles, tandis que la friture à l'air libre offre une finition croustillante en une fraction du temps qu'il faudrait dans un four conventionnel. Cet aspect permettant de gagner du temps est parfait pour les personnes et les familles occupées qui ont besoin de préparer des repas rapidement sans sacrifier la qualité.

3. Options de cuisson plus saines

Le Ninja Combi Multicooker propose plusieurs fonctions qui favorisent une cuisine plus saine. La fonction de friture à l'air libre, par exemple, vous permet de déguster des aliments frits croustillants avec jusqu'à 75 % de matières grasses en moins par rapport aux méthodes de friture traditionnelles. De plus, la cuisson à la vapeur et sous vide aide à conserver les nutriments et les saveurs naturelles, offrant ainsi des repas plus sains et plus savoureux.

4. Rentable

Investir dans le multicuiseur Ninja Combi peut vous faire économiser de l'argent à long terme. En combinant les fonctions de plusieurs appareils de cuisine en un seul, vous réduisez le besoin d'acheter des appareils séparés. Cette solution tout-en-un est non seulement un choix rentable, mais simplifie également l'installation de votre cuisine.

5. Facilité d'utilisation

Malgré son large éventail de capacités, le Ninja Combi Multicooker est conçu dans un souci de convivialité. Le panneau de commande intuitif, les programmes de cuisson prédéfinis et les instructions claires permettent à chacun de commencer facilement à cuisiner. Même si vous débutez dans les multicuiseurs, vous constaterez que la conception simple du Ninja Combi vous aide à vous y habituer rapidement.

6. Saveur et texture améliorées

La possibilité de combiner des fonctions de cuisson, telles que la cuisson sous pression suivie de la friture à l'air libre, vous permet d'obtenir des résultats de qualité professionnelle à la maison. Cette polyvalence vous permet de créer des plats aux saveurs et textures complexes, comme des viandes tendres à l'extérieur croustillant ou des légumes parfaitement cuits et légèrement carbonisés.

7. Cohérence et précision

Le Ninja Combi Multicooker est équipé d'une technologie avancée qui garantit des résultats de cuisson cohérents et précis. Que vous suiviez une recette mijotée ou que vous saisissiez rapidement des ingrédients, l'appareil maintient des températures et des conditions de cuisson optimales, ce qui permet d'obtenir des résultats délicieux et fiables à chaque fois.

8. Nettoyage pratique

Le nettoyage après la cuisson est un jeu d'enfant avec le multicuiseur Ninja Combi. La plupart des composants, tels que le pot intérieur, le couvercle et les accessoires, vont au lave-vaisselle. Les surfaces antiadhésives rendent également le nettoyage manuel rapide et facile, vous permettant de passer plus de temps à savourer vos repas et moins de temps à récurer les casseroles et poêles.

En résumé, le Ninja Combi Multicooker est plus qu'un simple appareil de cuisine ; c'est un outil puissant qui transforme votre façon de cuisiner. Sa multifonctionnalité, son efficacité en termes de temps, ses bienfaits pour la santé, sa rentabilité, sa facilité d'utilisation, ses capacités de saveur et de texture améliorées, sa consistance, sa précision et son nettoyage pratique en font un ajout essentiel à toute cuisine. Avec ce livre de cuisine comme guide, vous serez bien équipé pour tirer le meilleur parti de votre multicuiseur Ninja Combi, en créant facilement des repas délicieux et nutritifs.

Commencer

⬚ Déballage et configuration

Bienvenue au début de votre aventure culinaire avec le multicuiseur tout-en-un Ninja Combi ! Le déballage et la configuration de votre nouvel appareil sont une étape passionnante, et ce guide est là pour vous assurer de démarrer du bon pied. Suivez attentivement ces instructions pour préparer votre multicuiseur Ninja Combi à l'action.

Déballage de votre multicuiseur Ninja Combi

1. **Préparez votre espace :**

   - Trouvez une surface propre et plane pour placer la boîte. Assurez-vous de disposer de suffisamment d'espace pour disposer tous les composants et accessoires.

2. **Ouvre la boite:**

   - Coupez soigneusement le ruban adhésif qui ferme la boîte et ouvrez les rabats. Retirez tous les matériaux d'emballage de protection.

3. **Supprimez les composants :**

- Soulevez doucement le Ninja Combi Multicooker et placez-le sur votre plan de travail. Sortez tous les accessoires et manuels qui l'accompagnent. Ceux-ci peuvent inclure la marmite, le panier de friture, la grille réversible, le couvercle à pression et tout autre accessoire spécifique à votre modèle.

4. **Vérifier l'exhaustivité :**

- Assurez-vous que toutes les pièces et accessoires répertoriés dans le manuel sont présents. S'il manque quelque chose, contactez le service client pour obtenir de l'aide.

Configuration de votre multicuiseur Ninja Combi

1. **Nettoyer les composants :**

- Avant la première utilisation, lavez toutes les pièces amovibles avec de l'eau tiède savonneuse. Rincez-les et séchez-les soigneusement. Cela comprend le pot intérieur, le panier de friture à air et tout autre accessoire. Essuyez l'extérieur de l'unité principale avec un chiffon humide.

2. **Assemblez le multicuiseur :**

- Placez le pot intérieur nettoyé dans l'unité principale. Si votre recette nécessite le panier à friture ou la grille réversible, positionnez-les selon vos besoins.

3. **Fixez le bon couvercle :**

   - Selon la fonction que vous utilisez, fixez le couvercle approprié. Le couvercle à pression est utilisé pour la cuisson sous pression, tandis que le couvercle croustillant est destiné à la friture à l'air libre et à d'autres fonctions.

4. **Branchez le multicuiseur :**

   - Trouvez une prise de courant appropriée et branchez votre multicuiseur Ninja Combi. Assurez-vous que le cordon est bien à l'écart pour éviter les accidents.

5. **Familiarisez-vous avec le panneau de configuration :**

   - Prenez un moment pour étudier le panneau de commande. Familiarisez-vous avec les différents boutons et paramètres. Le manuel fournit une explication détaillée de chaque fonction et comment les sélectionner et les régler.

Test initial

1. **Exécutez un test d'eau :**

   - Pour vous assurer que tout fonctionne correctement, effectuez un simple test d'eau. Ajoutez 2 tasses d'eau dans la casserole intérieure, fixez le couvercle à pression et sélectionnez la fonction de cuisson sous pression. Réglez-le sur une courte durée, par exemple 5 minutes, et démarrez le cycle. Cela vous aide à vous familiariser avec le processus de scellage et de libération sous pression.

2. **Relâchez la pression en toute sécurité :**

   - Une fois le cycle de test terminé, suivez les instructions pour relâcher la pression en toute sécurité. Cela peut impliquer de tourner la soupape de surpression ou d'appuyer sur un bouton spécifique.

3. **Vérifiez tout problème :**

   - Après le test, vérifiez l'appareil pour déceler tout signe de fuite ou de dysfonctionnement. Si tout semble bon, vous êtes prêt à commencer à cuisiner !

Conseils pour un démarrage en douceur

- **Lisez le manuel :** Cela peut sembler évident, mais une lecture attentive du manuel d'utilisation peut éviter de nombreux problèmes courants et garantir que vous utilisez correctement l'appareil.

- **Gardez les accessoires à portée de main :** Rangez tous les accessoires dans un endroit pratique afin qu'ils soient facilement accessibles en cas de besoin.

- **Entraînez-vous avec des recettes simples :** Commencez par des recettes simples pour vous familiariser avec les différentes fonctions et passez progressivement à des plats plus complexes à mesure que vous vous sentez plus à l'aise.

Votre multicuiseur tout-en-un Ninja Combi est maintenant prêt à l'emploi ! Une fois ces étapes de configuration terminées, vous êtes sur la bonne voie pour profiter de la commodité et de la polyvalence que cet appareil apporte à votre cuisine.

⬜ Comprendre le panneau de configuration

Le panneau de commande de votre multicuiseur tout-en-un Ninja Combi est le cœur de cet appareil polyvalent, conçu pour vous offrir une expérience de cuisson intuitive et rationalisée. La maîtrise du panneau de commande est essentielle pour tirer le meilleur parti de votre multicuiseur, en vous assurant de pouvoir naviguer dans ses différentes fonctions avec facilité et confiance. Cette section fournit un guide complet pour comprendre et utiliser efficacement le panneau de commande.

Présentation du panneau de configuration

1. Bouton d'alimentation

- **Fonction:** Allume et éteint l'appareil.

- **Conseil:** Assurez-vous toujours que l'appareil est éteint et débranché lorsqu'il n'est pas utilisé pour des raisons de sécurité.

2. Écran d'affichage

- **Fonction:** Affiche les paramètres de cuisson actuels, l'heure, la température et le mode de cuisson.

- **Conseil:** Familiarisez-vous avec les icônes d'affichage et les affichages pour comprendre rapidement l'état de l'appareil.

3. Sélecteur de mode de cuisson

- **Fonction:** Vous permet de choisir parmi différents modes de cuisson tels que la cuisson sous pression, la friture à l'air libre, la vapeur, la cuisson lente, la saisie/sautée, la cuisson au four, le pain grillé, la pizza, sous vide, et plus encore.

- **Conseil:** Tournez la molette de sélection pour parcourir les modes disponibles. Chaque mode est conçu pour optimiser la cuisson pour différents types de plats.

4. Ajustements de la température et du temps

- **Fonction:** Ajuste les paramètres de température et de temps de cuisson.

- **Conseil:** Utilisez les boutons « + » et « – » pour régler la température et la durée de cuisson souhaitées. Les options prédéfinies peuvent être personnalisées en fonction des besoins de votre recette.

5. Bouton Démarrer/Arrêter

- **Fonction:** Commence ou termine le processus de cuisson.

- **Conseil:** Vérifiez toujours vos paramètres avant d'appuyer sur Démarrer pour vous assurer que vous avez sélectionné le bon mode, l'heure et la température.

6. Boutons spécifiques à une fonction

- **Libération de pression :** Vous permet de relâcher la pression en toute sécurité après la cuisson.

- **Garder au chaud:** Garde vos aliments au chaud après la cuisson jusqu'au moment de servir.

- **Départ différé:** Programme la cuisson pour qu'elle commence à une heure ultérieure, ce qui permet une flexibilité de planification des repas.

- **Conseil:** Utilisez ces boutons pour améliorer votre expérience culinaire et gérer efficacement le timing des repas.

7. Voyants lumineux

- **Fonction:** Affiche l'état de l'appareil (par exemple, préchauffage, cuisson, montée en pression ou relâchement).

- **Conseil:** Faites attention à ces lumières pour un repère visuel sur la progression de la cuisson. Ils sont conçus pour vous aider à surveiller le processus sans ouvrir le couvercle.

Conseils pour une utilisation efficace

- **Lisez le manuel :** Votre multicuiseur Ninja Combi est livré avec un manuel d'utilisation. Passez du temps à le lire pour comprendre les fonctions et capacités spécifiques de votre modèle.

- **C'est en forgeant qu'on devient forgeron:** N'ayez pas peur d'expérimenter les paramètres du panneau de configuration. Commencez par des recettes plus simples pour avoir une idée de la façon dont l'appareil réagit aux différents modes et réglages.

- **Utilisez judicieusement les préréglages :** Les modes prédéfinis sont conçus pour plus de commodité. Utilisez-les comme point de départ et ajustez-les si nécessaire en fonction des exigences spécifiques de votre recette.

- **La sécurité d'abord:** Assurez-vous toujours que la soupape de surpression est correctement réglée avant de commencer la cuisson sous pression. Familiarisez-vous avec les méthodes de cuisson sous pression à libération rapide et à libération naturelle pour garantir une manipulation sûre.

- **Nettoyage et entretien:** Nettoyez régulièrement le panneau de commande et l'ensemble de l'unité pour garantir des performances optimales. Évitez d'utiliser des nettoyants abrasifs qui pourraient endommager la surface.

Comprendre le panneau de commande de votre Ninja Combi Multicooker est la première étape vers la maîtrise culinaire. À chaque utilisation, vous deviendrez plus à l'aise et plus compétent, passant d'un cuisinier curieux à un chef confiant. Ce livre de recettes est là pour vous guider à travers chaque fonction et réglage, vous assurant de tirer le meilleur parti de cet appareil polyvalent.

⬚ Conseils de sécurité et entretien

Assurer la sécurité et la longévité de votre multicuiseur Ninja Combi est essentiel pour profiter pleinement de ses avantages. Une utilisation appropriée et un entretien régulier maintiennent non seulement votre appareil en parfait état, mais garantissent également que votre expérience culinaire est sûre et agréable. Voici quelques conseils de sécurité essentiels et directives d'entretien pour vous aider à tirer le meilleur parti de votre multicuiseur Ninja Combi.

Conseils de sécurité

1. **Lisez le manuel :**

- Avant d'utiliser votre multicuiseur, lisez attentivement le manuel d'utilisation. Familiarisez-vous avec toutes les fonctions, réglages et caractéristiques de sécurité de l'appareil.

2. **Placement et ventilation :**

- Placez toujours votre multicuiseur sur une surface stable et résistante à la chaleur. Assurez-vous qu'il y a une ventilation adéquate autour de l'appareil, car il génère de la chaleur et de la vapeur pendant la cuisson.

3. **La manipulation correcte:**

- Utilisez des gants de cuisine ou des gants résistants à la chaleur lorsque vous manipulez le couvercle ou la marmite intérieure, car ils peuvent devenir très chauds pendant et après la cuisson.

- Soyez prudent lorsque vous relâchez la pression. Suivez les instructions du fabricant pour évacuer la vapeur en toute sécurité afin d'éviter les brûlures.

4. **Évitez de trop remplir :**

- Ne dépassez pas les lignes de remplissage maximales indiquées sur la cuve intérieure, en particulier lors d'une cuisson sous pression ou à la vapeur. Un remplissage excessif peut provoquer des déversements et affecter le processus de cuisson.

5. **Utilisez des accessoires compatibles :**

   - Utilisez uniquement les accessoires recommandés ou fournis par Ninja pour votre multicuiseur. L'utilisation d'accessoires incompatibles peut endommager l'appareil et présenter des risques pour la sécurité.

6. **Sécurité électrique:**

   - Assurez-vous que le cordon d'alimentation n'est pas endommagé et éloignez-le des surfaces chaudes. Ne plongez pas le cordon d'alimentation, la fiche ou l'unité principale dans l'eau ou tout autre liquide.

7. **La sécurité des enfants:**

   - Gardez le multicuiseur et son cordon d'alimentation hors de portée des enfants. Ne laissez jamais l'appareil sans surveillance pendant son utilisation.

Directives d'entretien

1. **Nettoyage régulier :**

- **Après chaque utilisation :** Laissez l'appareil refroidir complètement avant de le nettoyer. Retirez le pot intérieur, le couvercle et les accessoires et lavez-les avec de l'eau tiède savonneuse. Ces pièces vont généralement au lave-vaisselle, mais consultez toujours le manuel.

- **Essuyez l'extérieur :** Utilisez un chiffon humide pour essuyer l'extérieur et le panneau de commande. N'utilisez pas de nettoyants abrasifs ou de tampons à récurer, car ils pourraient endommager la surface.

2. **Nettoyage en profondeur:**

   - **Pot intérieur :** Nettoyez de temps en temps en profondeur le pot intérieur en le trempant dans un mélange d'eau tiède et de bicarbonate de soude pour éliminer les taches ou odeurs tenaces.

   - **Bague d'étanchéité:** Inspectez régulièrement la bague d'étanchéité pour déceler toute usure. Retirez-le du couvercle, lavez-le séparément et remplacez-le si vous remarquez des dommages ou des odeurs persistantes.

3. **Détartrage :**

- Si votre multicuiseur développe des dépôts minéraux, notamment si vous l'utilisez fréquemment pour la cuisson à la vapeur, détartrez l'appareil en exécutant un cycle avec un mélange d'eau et de vinaigre. Rincez ensuite abondamment.

4. **Stockage:**

- Assurez-vous que toutes les pièces sont complètement sèches avant de remonter et de ranger l'appareil. Conservez le multicuiseur dans un endroit frais et sec. Pensez à laisser le couvercle légèrement entrouvert pour éviter que des odeurs ne se développent à l'intérieur.

5. **Inspections régulières :**

- Vérifiez périodiquement tous les composants, y compris le cordon d'alimentation et la fiche, pour déceler tout signe de dommage. Remplacez immédiatement toute pièce endommagée pour maintenir la sécurité et les performances.

6. **Suivez les instructions du fabricant :**

- Respectez toutes les recommandations d'entretien fournies dans le manuel d'utilisation. Si des problèmes surviennent que vous ne parvenez pas à résoudre, contactez le support client Ninja pour obtenir de l'aide.

En suivant ces conseils de sécurité et directives d'entretien, vous pouvez vous assurer que votre multicuiseur Ninja Combi reste un compagnon de cuisine fiable et efficace.

⬚ Aperçu des fonctions de cuisson

Comprendre les diverses fonctions de cet appareil polyvalent est essentiel pour libérer tout son potentiel et rendre votre expérience culinaire à la fois agréable et efficace. Voici un aperçu des fonctions de cuisson disponibles avec votre multicuiseur Ninja Combi :

Repas combinés

Ce que c'est: Les Combi Meals combinent plusieurs fonctions de cuisson en une seule opération pour préparer un repas complet. Cette fonction vous permet de cuisiner simultanément différents composants d'un repas, en optimisant à la fois le temps et les efforts.

Pourquoi l'utiliser : Idéale pour les soirs de semaine chargés ou lorsque vous souhaitez préparer un repas sain en toute simplicité, la fonction Combi Meals garantit que toutes les parties de votre repas sont cuites à la perfection en même temps.

Combi Crisp

Ce que c'est: La fonction Combi Crisp combine la cuisson sous pression et la friture à l'air libre pour obtenir des intérieurs tendres et juteux et des extérieurs croustillants.

Pourquoi l'utiliser : Idéale pour les plats qui nécessitent un intérieur tendre et un extérieur croustillant, comme le poulet frit ou les côtelettes de porc, cette fonction vous permet d'obtenir à la maison des résultats de qualité restaurant.

Cuisson combinée

Ce que c'est: Combi Bake utilise une combinaison de méthodes de cuisson et d'autres méthodes de cuisson pour créer des plats parfaitement cuits avec des textures et des saveurs améliorées.

Pourquoi l'utiliser : Cette fonction est idéale pour les ragoûts, les lasagnes et les desserts cuits au four où vous souhaitez garantir une cuisson uniforme et une finition délicieuse.

Riz/Pâtes

Ce que c'est: La fonction Riz/Pâtes est spécialement conçue pour cuire les céréales et les pâtes à la perfection, en gérant l'équilibre délicat entre l'absorption d'eau et la chaleur.

Pourquoi l'utiliser : Que vous prépariez un lot de riz moelleux, un risotto crémeux ou des pâtes parfaitement al dente, cette fonction simplifie la cuisson de ces aliments de base.

Sear/Sauté

Ce que c'est: Sear/Sauté vous permet de dorer les viandes, de caraméliser les oignons et de faire sauter les légumes directement dans la marmite.

Pourquoi l'utiliser : Indispensable pour développer des saveurs profondes dès le début des recettes, cette fonction est un excellent moyen de rehausser le goût et la texture de vos plats avant de passer à d'autres modes de cuisson.

Vapeur

Ce que c'est: La fonction Vapeur utilise une vapeur douce pour cuire les légumes, les fruits de mer et les aliments délicats.

Pourquoi l'utiliser : La cuisson à la vapeur préserve les nutriments et les saveurs, ce qui la rend parfaite pour une cuisine soucieuse de sa santé et sans compromis sur le goût.

Cuire

Ce que c'est: La fonction Bake reproduit la chaleur constante d'un four traditionnel, vous permettant de cuire du pain, des gâteaux et d'autres produits de boulangerie.

Pourquoi l'utiliser : Utilisez cette fonction pour obtenir des friandises parfaitement cuites sans chauffer toute votre cuisine avec un four pleine grandeur.

Griller

Ce que c'est: La fonction Toast grille rapidement le pain, les bagels et autres produits de boulangerie au niveau de croustillant souhaité.

Pourquoi l'utiliser : C'est parfait pour le petit-déjeuner ou les collations, garantissant que vos toasts sont croustillants et chauds, exactement comme vous les aimez.

Pizza

Ce que c'est: La fonction Pizza est adaptée à la cuisson de pizzas à la croûte croustillante et aux garnitures parfaitement fondues.

Pourquoi l'utiliser : Réalisez des pizzas maison qui rivalisent avec votre pizzeria préférée grâce à cette fonction dédiée.

Cuisson lente

Ce que c'est: La fonction Slow Cook cuit doucement les repas sur une période prolongée, idéale pour les soupes, les ragoûts et les braisés.

Pourquoi l'utiliser : Idéale pour les journées chargées, cette fonction vous permet de préparer votre repas le matin et de préparer un plat délicieux et tendre à l'heure du dîner.

Sous Vide

Ce que c'est: La fonction Sous Vide cuit les aliments dans un sac sous vide placé au bain-marie à une température précise.

Pourquoi l'utiliser : Obtenez des viandes et des légumes parfaitement cuits de qualité restaurant grâce à cette méthode, qui garantit une cuisson uniforme et une conservation maximale de la saveur.

Frire à l'air libre

Ce que c'est: La fonction Air Fry fait circuler de l'air chaud autour des aliments, créant une texture croustillante similaire à la friture mais avec moins d'huile.

Pourquoi l'utiliser : Savourez vos aliments frits préférés avec moins de culpabilité, car cette fonction réduit considérablement la quantité d'huile nécessaire tout en offrant une finition croustillante.

Chaque fonction du multicuiseur tout-en-un Ninja Combi est conçue pour rendre la cuisine plus facile, plus rapide et plus agréable. En comprenant et en utilisant ces fonctions, vous pouvez améliorer votre cuisine maison et explorer un monde de possibilités culinaires.

⬜ Conseils pour combiner des fonctions

Maîtriser l'art de combiner ces fonctions peut élever votre cuisine, vous permettant de préparer des repas à la fois savoureux et parfaitement cuits. Voici quelques conseils pour vous aider à obtenir les meilleurs résultats lorsque vous utilisez plusieurs fonctions ensemble.

Comprendre chaque fonction

Avant de commencer à combiner des fonctions, il est essentiel d'avoir une solide compréhension de ce que chacune fait :

- **Cuisson sous pression :** Idéal pour attendrir rapidement les viandes, cuire les haricots et préparer des ragoûts et des soupes.

- **Friture à l'air :** Parfait pour créer des textures croustillantes avec un minimum d'huile, idéal pour les frites, les ailes de poulet et plus encore.

- **Sear/Sauté:** Utilisé pour dorer les viandes, caraméliser les oignons et préparer la base de nombreux plats.

- **Vapeur:** Cuisson douce des légumes, des fruits de mer et des protéines délicates.

- **Cuisson lente:** Méthode douce et lente pour développer la saveur profonde des rôtis, des ragoûts et des ragoûts.

- **Cuire:** Pour les gâteaux, le pain et les plats cuisinés.

- **Sous Vide:** Contrôle précis de la température pour des viandes et légumes parfaitement cuits.

Planifiez votre séquence de cuisson

La combinaison des fonctions nécessite un séquençage réfléchi pour garantir que chaque composant de votre plat est parfaitement cuit. Voici quelques directives générales:

1. **Commencez par saisir/sauter :** Commencez par saisir les viandes ou faire sauter des aromates comme les oignons et l'ail. Cette étape renforce la saveur et crée une base délicieuse pour votre plat.

2. **Cuisson sous pression pour la vitesse :** Utilisez la fonction de cuisson sous pression pour attendrir des coupes

de viande plus dures ou pour cuire rapidement des ingrédients qui nécessitent des temps de cuisson plus longs.

3. **Terminez avec Air Fry pour du croustillant :** Après la cuisson sous pression, utilisez la fonction de friture à l'air libre pour ajouter une finition croustillante à votre plat. Ceci est particulièrement efficace pour les plats comme le poulet cuit sous pression qui bénéficie d'une peau croustillante.

4. **Utilisez la vapeur pour les ingrédients délicats :** Faites cuire à la vapeur les légumes ou les fruits de mer séparément pour éviter une cuisson excessive et conserver leurs textures délicates.

5. **Cuisson lente pour la saveur :** Pour les plats qui bénéficient d'une cuisson longue et lente, comme les rôtis ou les ragoûts, utilisez la fonction de cuisson lente pour développer des saveurs profondes et riches.

Expérimentez avec des combinaisons de fonctions

N'ayez pas peur d'expérimenter différentes combinaisons de fonctions pour voir ce qui fonctionne le mieux pour vos recettes :

- **Cuisson sous pression + friture à l'air :** Idéal pour les plats qui doivent être tendres à l'intérieur et croustillants à l'extérieur, comme les côtes levées ou le poulet.

- **Saisir/Sauter + Cuisson lente :** Parfait pour les recettes qui nécessitent un brunissement initial et qui bénéficient ensuite d'une cuisson lente et douce.

- **Sous Vide + Saisir :** Faites cuire les viandes à la température idéale sous vide, puis saisissez-les pour développer une croûte savoureuse.

Conseils pour réussir

1. **Surveillez votre cuisine :** Gardez un œil sur vos aliments pendant qu'ils passent d'une fonction à l'autre pour vous assurer que tout cuit uniformément et à la cuisson souhaitée.

2. **Ajustez les temps de cuisson :** Soyez prêt à ajuster les temps de cuisson en fonction des ingrédients spécifiques et des quantités que vous utilisez. La cuisine est à la fois une science et un art, et parfois quelques essais et erreurs sont nécessaires.

3. **Utilisez les bons accessoires :** Assurez-vous d'utiliser des accessoires conçus pour chaque fonction. Par exemple,

utilisez le panier à légumes pour la friture à l'air libre et la grille du cuiseur vapeur pour la cuisson à la vapeur.

4. **Préchauffer si nécessaire :** Pour des fonctions telles que la friture à l'air libre et la cuisson au four, le préchauffage du multicuiseur peut aider à obtenir de meilleurs résultats.

5. **Superposer les ingrédients de manière appropriée :** Lorsque vous cuisinez plusieurs ingrédients à la fois, placez les aliments qui nécessitent une cuisson plus intense (comme les viandes) au fond et les aliments plus délicats (comme les légumes) sur le dessus.

La combinaison des fonctions de votre multicuiseur Ninja Combi peut ouvrir un monde de possibilités culinaires. Grâce à ces conseils, vous serez sur la bonne voie pour créer de délicieux repas de qualité restaurant dans le confort de votre maison.

☐ Sauté de poulet et légumes

Ingrédients:

- **1 lb de poitrines de poulet désossées et sans peau**, émincé

- **2 tasses de fleurons de brocoli**

- **1 poivron rouge**, découpé en tranches

- **1 poivron jaune**, découpé en tranches

- **1 carotte moyenne**, en julienne

- **1 tasse de pois mange-tout**

- **2 gousses d'ail**, haché

- **1 cuillère à soupe de gingembre**, haché

- **3 cuillères à soupe de sauce soja**

- **2 cuillères à soupe de sauce aux huîtres**

- **1 cuillère à soupe de sauce hoisin**

- **2 cuillères à soupe d'huile végétale**

- 1 cuillère à café d'huile de sésame

- 1 cuillère à soupe de fécule de maïs

- 1/4 tasse d'eau

- **Sel et poivre** goûter

- **1/4 tasse d'oignons verts,** haché (pour la garniture)

- **graines de sésame** (facultatif, pour la garniture)

Instructions de cuissons:

1. **Préparez les ingrédients :**

   - Dans un petit bol, mélanger la sauce soja, la sauce aux huîtres, la sauce hoisin et l'huile de sésame. Mettre de côté.

   - Dans un autre petit bol, dissoudre la fécule de maïs dans l'eau pour créer une bouillie. Mettre de côté.

   - Assaisonnez les tranches de poulet avec du sel et du poivre.

2. **Saisir le poulet :**

- Réglez votre multicuiseur Ninja Combi sur la fonction « Saisir/Sauté » et faites chauffer l'huile végétale.

- Une fois chaud, ajoutez les tranches de poulet et faites cuire jusqu'à ce qu'elles soient dorées de tous les côtés. Retirez le poulet du multicuiseur et réservez.

3. **Faire revenir les légumes :**

- Dans la même casserole, ajoutez l'ail et le gingembre émincés et faites revenir environ 30 secondes jusqu'à ce qu'ils soient parfumés.

- Ajouter le brocoli, les poivrons, la carotte et les pois mange-tout. Faire sauter pendant 3 à 4 minutes jusqu'à ce que les légumes commencent à ramollir tout en conservant un peu de croquant.

4. **Mélanger et cuire :**

- Remettez le poulet dans la marmite avec les légumes.

- Versez le mélange de sauce sur le poulet et les légumes en remuant pour bien enrober le tout.

- Ajoutez la bouillie de fécule de maïs et remuez continuellement jusqu'à ce que la sauce épaississe et enrobe uniformément le poulet et les légumes. Cela devrait prendre environ 2 à 3 minutes.

5. **Servir:**

- Une fois que le sauté est cuit à la cuisson désirée, éteignez le multicuiseur et transférez le sauté dans un plat de service.

- Garnir d'oignons verts hachés et de graines de sésame, si désiré.

Portion:

- Pour 4 personnes

Conseils:

- **Couper uniformément :** Assurez-vous que tous les ingrédients sont coupés en morceaux de taille similaire. Cela permet à tout de cuire uniformément et rapidement.

- **Préchauffer le multicuiseur :** Préchauffer votre multicuiseur Ninja Combi avant d'ajouter l'huile et les ingrédients peut aider à obtenir une meilleure saisie du poulet.

- **Ne surchargez pas le pot :** Faites cuire le poulet par lots si nécessaire pour éviter le surpeuplement, ce qui peut provoquer une cuisson à la vapeur plutôt qu'une saisie.

- **Ajuster les légumes :** N'hésitez pas à remplacer ou à ajouter les légumes de votre choix. Les pois mange-tout, les champignons ou les courgettes sont d'excellents ajouts.

- **Servir avec du riz ou des nouilles :** Ce sauté se marie parfaitement avec du riz cuit à la vapeur ou vos nouilles préférées pour un repas complet.

Teriyaki au bœuf et brocoli

Ingrédients:

- 1 lb de surlonge de bœuf ou de bavette, tranché finement

- 2 tasses de fleurons de brocoli

- 1 oignon, tranché

- 3 gousses d'ail, émincées

- 1 tasse de sauce teriyaki

- 1/2 tasse de bouillon de bœuf

- 2 cuillères à soupe d'huile végétale

- 1 cuillère à soupe de fécule de maïs mélangée à 2 cuillères à soupe d'eau (bouillie)

- Sel et poivre au goût

- Graines de sésame et oignons verts hachés pour la garniture (facultatif)

Instructions de cuissons:

1. **Préparez le bœuf :** Assaisonnez les tranches de bœuf avec du sel et du poivre.

2. **Saisir le bœuf :** Réglez le Ninja Combi Multicooker sur la fonction « Sear/Sauté » et faites chauffer l'huile végétale. Ajoutez les tranches de bœuf par lots pour éviter le surpeuplement et saisissez jusqu'à ce qu'elles soient dorées de tous les côtés. Retirez le bœuf et réservez.

3. **Faire revenir les aromatiques :** Dans la même casserole, ajoutez l'oignon émincé et l'ail émincé. Faire revenir jusqu'à ce que l'oignon soit translucide et que l'ail soit parfumé.

4. **Cuisson sous pression :** Remettez le bœuf dans la casserole et ajoutez la sauce teriyaki et le bouillon de bœuf. Fixez le SmartLid et réglez la cuisinière sur la fonction « Cuisson sous pression » à puissance élevée pendant 10 minutes.

5. **Pression de relâchement :** Une fois le cycle de cuisson terminé, relâchez rapidement la pression selon les instructions du fabricant.

6. **Ajouter le brocoli :** Ouvrez le couvercle et ajoutez les fleurons de brocoli. Passez en fonction « Vapeur » et faites

cuire encore 5 minutes jusqu'à ce que le brocoli soit tendre mais toujours croustillant.

7. **Épaissir la sauce :** Incorporer la bouillie de fécule de maïs pour épaissir la sauce. Laissez mijoter quelques minutes en remuant de temps en temps jusqu'à ce que la sauce atteigne la consistance désirée.

8. **Servir:** Garnir de graines de sésame et d'oignons verts hachés si désiré. Servir chaud avec du riz cuit à la vapeur ou des nouilles.

Portion:

- **Pour 4 personnes**

Conseils:

- **Couper le bœuf :** Pour trancher plus facilement, congelez le bœuf pendant environ 30 minutes avant de le couper. Cela permet d'obtenir des tranches fines et uniformes.

- **Variations végétales :** N'hésitez pas à ajouter d'autres légumes comme des poivrons, des pois mange-tout ou des carottes au plat pour plus de couleur et de nutrition.

- **Sauce teriyaki:** Si vous préférez une sauce maison, mélangez la sauce soja, le mirin, le saké, le sucre et un peu de gingembre pour une saveur teriyaki traditionnelle.

- **Réglage de l'épaisseur :** Si la sauce est trop épaisse, ajoutez un peu plus de bouillon de bœuf. Si c'est trop liquide, ajoutez plus de bouillie de fécule de maïs.

- **Les restes:** Conservez les restes dans un contenant hermétique au réfrigérateur jusqu'à trois jours. Réchauffer doucement au micro-ondes ou sur la cuisinière.

Saumon aux herbes citronnées et asperges

Ingrédients:

- **Saumon:**

    - 4 filets de saumon (environ 6 onces chacun)

    - 2 cuillères à soupe d'huile d'olive

    - 1 citron (zesté et pressé)

    - 2 gousses d'ail (hachées)

    - 1 cuillère à café de thym séché

    - 1 cuillère à café de romarin séché

    - Sel et poivre au goût

- **Asperges:**

    - 1 botte d'asperges (parées)

    - 1 cuillère à soupe d'huile d'olive

    - Sel et poivre au goût

    - 1 citron (tranché)

Instructions de cuissons:

1. **Faire mariner le saumon :**

    - Dans un petit bol, mélanger l'huile d'olive, le zeste de citron, le jus de citron, l'ail émincé, le thym, le romarin, le sel et le poivre.

    - Placez les filets de saumon dans un plat peu profond ou un sac plastique refermable et versez dessus la marinade. Assurez-vous que les filets sont bien enrobés.

    - Laissez le saumon mariner au réfrigérateur pendant au moins 30 minutes pour rehausser sa saveur.

2. **Préparez les asperges :**

    - Mélangez les asperges parées avec l'huile d'olive, le sel et le poivre dans un bol. Mettre de côté.

3. **Préchauffer le multicuiseur :**

    - Réglez le Ninja Combi Multicooker sur la fonction « Sear/Sauté ». Une fois préchauffé, ajoutez un peu d'huile d'olive dans la casserole.

4. **Saisir le saumon :**

- Placez les filets de saumon marinés côté peau vers le bas dans le multicuiseur. Saisir environ 2-3 minutes de chaque côté jusqu'à ce qu'ils développent une belle croûte. Retirez le saumon et réservez.

5. **Cuire les asperges à la vapeur :**

- Ajoutez une tasse d'eau dans le multicuiseur et placez la grille du cuiseur vapeur à l'intérieur. Disposez les asperges sur la grille et déposez les tranches de citron dessus.

- Fermez le SmartLid et réglez le multicuiseur sur la fonction « Vapeur ». Cuire à la vapeur pendant environ 5 minutes, jusqu'à ce que les asperges soient tendres mais encore croustillantes.

6. **Cuisson combinée :**

- Une fois les asperges cuites à la vapeur, retirez la grille du cuiseur vapeur. Disposez les filets de saumon poêlés sur les asperges.

- Fermez le SmartLid et sélectionnez la fonction « Combi Bake ». Cuire encore 5 à 7 minutes, jusqu'à ce que le saumon soit bien cuit et se défasse facilement à la fourchette.

7. **Servir:**

- Retirez délicatement le saumon et les asperges du multicuiseur. Servir immédiatement avec des quartiers de citron supplémentaires à côté pour les presser.

Portion:

- Cette recette en sert 4.

Conseils:

- **Herbes fraîches:** Si vous avez des herbes fraîches sous la main, comme du thym ou du romarin, n'hésitez pas à les utiliser à la place des herbes séchées pour une saveur encore plus vibrante.

- **Ne surchargez pas :** Assurez-vous que les filets de saumon ne se chevauchent pas pendant les processus de saisie et de cuisson à la vapeur pour permettre une cuisson uniforme.

- **Vérifier la cuisson :** Utilisez un thermomètre à viande pour vérifier la température interne du saumon. Il doit atteindre 145°F pour une consommation sûre.

- **Variété d'asperges :** Si vos pointes d'asperges sont très épaisses, vous devrez peut-être augmenter légèrement le temps de cuisson à la vapeur.

☐ Bol de quinoa méditerranéen

Ingrédients

- **1 tasse de quinoa, rincé**: Une céréale riche en protéines qui sert de base au bol.

- **2 tasses d'eau ou de bouillon de légumes**: Pour cuire le quinoa et ajouter une saveur supplémentaire.

- **1 tasse de tomates cerises, coupées en deux**: Ajoute un éclat de douceur et de couleur.

- **1 concombre, coupé en dés**: Fournit un croquant rafraîchissant.

- **1/2 oignon rouge, finement haché**: Ajoute une légère netteté et de la couleur.

- **1/2 tasse d'olives Kalamata, dénoyautées et coupées en deux**: Pour une touche saumâtre et savoureuse.

- **1/4 tasse de fromage feta émietté**: Ajoute un élément crémeux et acidulé.

- **1/4 tasse de persil frais haché**: Rafraîchit le plat avec sa saveur herbacée.

- **1/4 tasse d'huile d'olive extra vierge**: Pour le dressing.

- **2 cuillères à soupe de jus de citron**: Ajoute de l'acidité et de la luminosité à la vinaigrette.

- **1 gousse d'ail, hachée**: Imprègne la vinaigrette d'une saveur aromatique.

- **Sel et poivre au goût**: Rehausse la saveur globale du plat.

Instructions de cuissons

1. **Cuire le quinoa**:

   - Ajoutez le quinoa rincé et l'eau ou le bouillon de légumes dans la cuve intérieure de votre multicuiseur Ninja Combi.

   - Fixez le SmartLid et réglez le cuiseur sur la fonction « Riz/Pâtes ».

   - Cuire selon les instructions de la machine, généralement environ 15 minutes.

   - Une fois la cuisson terminée, laissez reposer le quinoa quelques minutes, puis remuez-le à la fourchette.

2. **Préparez les légumes**:

- Pendant que le quinoa cuit, préparez les tomates cerises, le concombre, l'oignon rouge et les olives Kalamata.

- Placer les légumes dans un grand bol à mélanger.

3. **Faire la vinaigrette**:

- Dans un petit bol, fouetter ensemble l'huile d'olive extra vierge, le jus de citron, l'ail émincé, le sel et le poivre.

4. **Assemblez le bol**:

- Ajoutez le quinoa cuit dans le bol avec les légumes.

- Versez la vinaigrette sur le quinoa et les légumes.

- Mélanger le tout jusqu'à ce que le tout soit bien mélangé.

- Garnir de fromage feta émietté et de persil frais haché.

Portion

- **Pour 4 personnes**: Cette recette donne quatre portions généreuses, parfaites pour un repas en famille ou pour la préparation de repas.

Conseils

- **Utilisez des ingrédients frais**: Pour une saveur et une texture optimales, utilisez les légumes les plus frais que vous puissiez trouver.

- **Personnalisez votre bol**: N'hésitez pas à ajouter ou à remplacer d'autres ingrédients méditerranéens tels que des cœurs d'artichauts, des poivrons rouges rôtis ou du poulet grillé pour ajouter des protéines.

- **Préparation des repas**: Ce plat peut être préparé à l'avance et conservé au réfrigérateur jusqu'à trois jours. C'est idéal pour préparer les repas et constitue un déjeuner ou un dîner délicieux et sain.

- **Suggestions de présentation**: Servir le Bol de Quinoa Méditerranéen seul ou en accompagnement. Il s'accorde bien avec des viandes grillées ou des fruits de mer pour un repas plus consistant.

- **Réfrigérer avant de servir**: Pour une touche rafraîchissante, refroidissez le bol de quinoa assemblé au réfrigérateur pendant environ 30 minutes avant de servir.

☐ Curry vert thaï au tofu

Ingrédients:

- **14 oz (400 g) de tofu ferme, égoutté et coupé en cubes :** Fournit des protéines et une texture satisfaisante.

- **1 cuillère à soupe d'huile végétale :** Pour faire sauter le tofu et les légumes.

- **1 oignon émincé :** Ajoute de la douceur et de la profondeur au curry.

- **2 gousses d'ail hachées :** Rehausse la saveur avec un arôme parfumé.

- **Morceau de gingembre de 1 pouce, émincé :** Ajoute une saveur épicée et aromatique.

- **2-3 cuillères à soupe de pâte de curry vert :** La base du curry, offrant piquant et complexité.

- **1 boîte (14 oz) de lait de coco :** Crée une sauce crémeuse et riche.

- **1 tasse de bouillon de légumes :** Affine le curry jusqu'à obtenir la consistance désirée.

- **1 poivron rouge, tranché :** Ajoute de la couleur et un croquant sucré.

- **1 tasse de pois mange-tout :** Fournit une texture fraîche et croustillante.

- **1 courgette, tranchée :** Ajoute une saveur douce et plus de texture.

- **2 cuillères à soupe de sauce soja :** Ajoute de l'umami et de la profondeur au curry.

- **1 cuillère à soupe de cassonade :** Équilibre la chaleur et l'acidité.

- **Jus d'1 citron vert :** Ajoute de l'acidité pour égayer les saveurs.

- **Feuilles de basilic frais hachées (facultatif) :** Pour la garniture et une saveur supplémentaire.

- **Riz au jasmin cuit :** Servir le curry dessus.

Instructions de cuissons:

1. **Préparez le tofu :**

   - Réglez votre multicuiseur Ninja Combi sur la fonction « Saisir/Sauté » et faites chauffer l'huile végétale. Ajouter le tofu en cubes et faire revenir jusqu'à ce qu'il soit doré de tous les côtés, environ 5 à 7 minutes. Retirer et réserver.

2. **Faire revenir les aromatiques :**

   - Dans la même casserole, ajoutez l'oignon émincé, l'ail émincé et le gingembre émincé. Faire revenir pendant 2-3 minutes jusqu'à ce que l'oignon soit translucide et que le mélange soit parfumé.

3. **Cuire les légumes :**

   - Ajoutez les tranches de poivron rouge, les pois mange-tout et les courgettes dans la casserole. Faire sauter encore 3 à 4 minutes jusqu'à ce que les légumes commencent à ramollir.

4. **Créez la base de curry :**

   - Incorporer la pâte de curry vert et cuire 1 à 2 minutes jusqu'à ce qu'elle devienne aromatique. Versez le lait de coco et le bouillon de légumes en remuant pour bien mélanger.

5. **Laisser mijoter le curry :**

   - Remettez le tofu sauté dans la casserole avec la sauce soja et la cassonade. Remuer pour combiner. Fermez le couvercle et réglez le Ninja Combi sur « Cuisson sous pression » à puissance élevée pendant 5 minutes.

6. **Terminez le curry :**

   - Une fois le cycle de cuisson terminé, relâchez rapidement la pression. Ouvrez le couvercle et incorporez le jus de citron vert. Goûtez et rectifiez l'assaisonnement avec de la sauce soja supplémentaire ou de la cassonade si nécessaire.

7. **Servir:**

   - Servir le curry vert thaïlandais sur du riz au jasmin cuit. Garnir de feuilles de basilic frais si désiré.

Portion:

- **Sert : 4**

Conseils:

- **Personnalisez la chaleur :** Ajustez la quantité de pâte de curry vert en fonction de votre niveau d'épice préféré. Plus de pâte donnera un curry plus épicé, tandis qu'une quantité moindre le rendra plus doux.

- **Appuyez sur le Tofu :** Pour une texture plus ferme, pressez le tofu avant la cuisson. Placez le tofu entre deux assiettes et alourdissez-le avec quelque chose de lourd pour éliminer l'excès d'humidité.

- **Ajouter des herbes fraîches :** Pour une touche de saveur supplémentaire, garnissez le curry de coriandre fraîche ou de basilic thaï juste avant de servir.

- **Variations végétariennes :** N'hésitez pas à échanger vos légumes préférés ou tout ce que vous avez sous la main. Le brocoli, les carottes et les aubergines sont d'excellents ajouts.

- **Préparation des repas :** Ce curry se conserve bien au réfrigérateur jusqu'à 4 jours. Réchauffer doucement sur la cuisinière ou au micro-ondes, en ajoutant un peu de bouillon de légumes si nécessaire pour assouplir la sauce.

Ailes de poulet croustillantes

Ingrédients:

- 2 lb d'ailes de poulet, fendues et pointes retirées

- 2 cuillères à soupe de levure chimique (sans aluminium)

- 1 cuillère à café de sel

- 1 cuillère à café de poivre noir

- 1 cuillère à café de poudre d'ail

- 1 cuillère à café de paprika

- 1/2 cuillère à café de poudre d'oignon

- 1/2 cuillère à café de poivre de Cayenne (facultatif, pour le piquant)

- Spray de cuisson ou huile

Instructions de cuissons:

1. **Préparez les ailes :**

- Séchez les ailes de poulet avec du papier absorbant pour éliminer tout excès d'humidité. Cette étape est cruciale pour obtenir une peau croustillante.

- Dans un grand bol, mélanger la levure chimique, le sel, le poivre noir, la poudre d'ail, le paprika, la poudre d'oignon et le poivre de Cayenne. Ajouter les ailes de poulet dans le bol et mélanger pour bien enrober.

2. **Préchauffez le multicuiseur Ninja Combi :**

- Réglez votre multicuiseur Ninja Combi sur la fonction « Air Fry ». Préchauffer à 400°F (200°C) pendant 5 minutes.

3. **Cuire les ailes :**

- Vaporisez légèrement le panier à légumes avec un enduit à cuisson ou badigeonnez-le d'une petite quantité d'huile pour éviter qu'il ne colle.

- Disposez les ailes de poulet en une seule couche dans le panier à légumes. Assurez-vous qu'ils ne sont pas surpeuplés ; vous devrez peut-être les cuire par lots pour de meilleurs résultats.

- Insérez le panier à légumes dans le multicuiseur. Réglez le temps de cuisson sur 25 minutes.

- Au bout de 15 minutes, ouvrez délicatement le couvercle et retournez les ailes pour assurer une cuisson homogène. Poursuivez la cuisson pendant les 10 minutes restantes ou jusqu'à ce que les ailes soient dorées et croustillantes.

4. **Servir:**

   - Retirez les ailes du multicuiseur et laissez-les reposer quelques minutes pour conserver leur croustillant.

   - Servez les ailes chaudes, avec vos trempettes préférées telles que la sauce ranch, le fromage bleu ou la sauce Buffalo.

Portion:

- Pour 4 personnes en entrée ou 2 en plat principal

Conseils:

- **Assurer la sécheresse :** Sécher les ailes en tapotant est une étape cruciale pour obtenir une peau croustillante. Un excès d'humidité rendra les ailes moins croustillantes.

- **Secret de la levure chimique :** La levure chimique aide à éliminer l'humidité de la peau et à créer une texture croustillante. Assurez-vous d'utiliser de la levure chimique sans aluminium pour éviter tout goût métallique.

- **Ne pas surcharger :** Pour de meilleurs résultats, évitez de surcharger le panier à légumes. Cela permet à l'air chaud de circuler autour des ailes, garantissant une cuisson et un croustillant uniformes.

- **Ajuster pour le croustillant :** Si vous préférez des ailes extra croustillantes, vous pouvez prolonger le temps de cuisson de 3 à 5 minutes supplémentaires, mais gardez un œil sur elles pour éviter qu'elles ne brûlent.

- **Variations d'assaisonnement :** N'hésitez pas à expérimenter différents assaisonnements. Ajoutez une touche de miel et de moutarde pour des ailes sucrées et piquantes ou de la sauce soja et du gingembre pour une touche d'inspiration asiatique.

- **Réchauffer les restes :** Pour réchauffer les restes d'ailes et conserver leur croustillant, utilisez la fonction de friture à l'air libre à 375°F (190°C) pendant 5 à 7 minutes.

⬜ Côtelettes de porc en croûte de parmesan

Ingrédients:

- 4 côtelettes de porc désossées (1 pouce d'épaisseur)

- 1 tasse de parmesan râpé

- 1 tasse de chapelure panko

- 2 cuillères à soupe de persil frais haché

- 2 gousses d'ail, hachées

- 1 cuillère à café de paprika

- 1 cuillère à café de sel

- 1/2 cuillère à café de poivre noir

- 1/2 tasse de farine tout usage

- 2 gros œufs, battus

- 2 cuillères à soupe d'huile d'olive

Instructions de cuissons:

1. **Préparez le mélange de panure :**

- Dans un bol peu profond, mélanger le parmesan râpé, la chapelure panko, le persil haché, l'ail émincé, le paprika, le sel et le poivre noir. Bien mélanger pour assurer une répartition uniforme de tous les ingrédients.

2. **Configurer les stations de panure :**

   - Mettez la farine dans un bol peu profond, les œufs battus dans un autre et le mélange parmesan-panko dans un troisième bol.

3. **Paner les côtelettes de porc :**

   - Draguez chaque côtelette de porc dans la farine, en secouant l'excédent.

   - Trempez les côtelettes de porc farinées dans les œufs battus en veillant à ce qu'elles soient bien enrobées.

   - Presser chaque côtelette de porc dans le mélange parmesan-panko, en enrobant soigneusement les deux côtés. Appuyez fermement pour que la panure adhère bien aux côtelettes de porc.

4. **Préchauffez le multicuiseur Ninja Combi :**

- Sélectionnez la fonction « Sear/Sauté » et réglez-la sur feu moyen-vif. Ajoutez l'huile d'olive et laissez chauffer.

5. **Saisir les côtelettes de porc :**

- Une fois l'huile chaude, ajoutez les côtelettes de porc panées dans le multicuiseur. Saisir pendant 2-3 minutes de chaque côté ou jusqu'à ce que la croûte soit dorée. Travaillez par lots si nécessaire pour éviter de surcharger le pot.

6. **Terminez la cuisson avec la fonction Air Fry :**

- Une fois que toutes les côtelettes de porc sont saisies, passez à la fonction « Air Fry ». Disposez les côtelettes de porc en une seule couche dans le panier à légumes.

- Réglez la température à 375 °F (190 °C) et faites cuire pendant 8 à 10 minutes, ou jusqu'à ce que la température interne des côtelettes de porc atteigne 145 °F (63 °C) et que la croûte soit croustillante et dorée.

7. **Servir:**

- Retirez les côtelettes de porc du multicuiseur et laissez-les reposer quelques minutes avant de servir.

Portion:

- Cette recette est pour 4 personnes.

Conseils:

- **Assurer un revêtement uniforme :** Pour une meilleure croûte, assurez-vous que chaque côtelette de porc est uniformément enrobée du mélange de farine, d'œuf et de parmesan-panko. Appuyez fermement la panure sur les côtelettes pour l'aider à adhérer.

- **Préchauffer pour de meilleurs résultats :** Préchauffer l'huile d'olive dans la fonction « Sear/Sauté » permet d'obtenir rapidement une belle croûte dorée, en emprisonnant les jus.

- **Temps de repos:** Laissez les côtelettes de porc reposer quelques minutes après la cuisson pour permettre au jus de se redistribuer, ce qui donnera une côtelette plus juteuse et plus savoureuse.

- **Personnalisez la croûte :** N'hésitez pas à ajouter d'autres herbes ou épices au mélange de panure, comme du thym, du romarin ou du poivre de Cayenne, selon vos préférences gustatives.

- **Vérifier la cuisson :** Utilisez un thermomètre à viande pour vérifier la température interne des côtelettes de porc afin de vous assurer qu'elles sont bien cuites sans être trop cuites.

☐ Quartiers de pommes de terre à l'ail et au parmesan

Ingrédients:

- 4 grosses pommes de terre Russet, coupées en quartiers

- 2 cuillères à soupe d'huile d'olive

- 4 gousses d'ail, émincées

- 1/2 tasse de parmesan râpé

- 1 cuillère à café de paprika

- 1 cuillère à café de poudre d'ail

- 1 cuillère à café de poudre d'oignon

- 1 cuillère à café d'origan séché

- Sel et poivre au goût

- Persil frais haché (pour la garniture)

Instructions de cuissons:

1. **Préparation:**

   - Lavez et séchez soigneusement les pommes de terre. Coupez chaque pomme de terre en 8 quartiers.

   - Dans un grand bol, mélanger les quartiers de pommes de terre avec l'huile d'olive, l'ail émincé, le paprika, la poudre d'ail, la poudre d'oignon, l'origan, le sel et le poivre jusqu'à ce qu'ils soient uniformément enrobés.

2. **Fonction Saisir/Sauter :**

   - Sélectionnez la fonction « Saisir/Sauté » sur votre multicuiseur Ninja Combi. Faites chauffer un peu d'huile d'olive dans la cocotte.

   - Ajouter les quartiers de pommes de terre assaisonnés et faire sauter pendant environ 5 minutes, en les retournant de temps en temps jusqu'à ce qu'ils commencent à dorer légèrement.

3. **Fonction de cuisson sous pression :**

- Ajoutez 1/2 tasse d'eau dans la casserole avec les quartiers de pommes de terre.

- Fermez le SmartLid et réglez sur « Cuisson sous pression » à puissance élevée pendant 3 minutes.

- Une fois le cycle de cuisson sous pression terminé, effectuez une libération rapide en tournant soigneusement la soupape de libération de pression.

4. **Fonction de friture à l'air :**

- Ouvrez le couvercle et égouttez tout excès d'eau de la casserole. Disposez les quartiers de pommes de terre dans le panier à légumes.

- Sélectionnez la fonction « Air Fry » et réglez la température à 400 °F (200 °C) pendant 10 à 12 minutes, en secouant le panier à mi-cuisson pour garantir un croustillant uniforme.

- Une fois que les quartiers sont dorés et croustillants, saupoudrez-les de parmesan râpé et laissez cuire encore 2 minutes jusqu'à ce que le fromage soit fondu et légèrement doré.

5. **Portion:**

- Transférer les quartiers de pommes de terre à l'ail et au parmesan dans un plat de service. Garnir de persil frais et d'une pincée supplémentaire de parmesan si vous le souhaitez.

- Servir chaud, accompagné de votre trempette préférée.

Portion:

- Pour 4 personnes en accompagnement ou en collation

Conseils:

- **Coupes uniformes :** Assurez-vous que les quartiers de pommes de terre sont coupés uniformément pour favoriser une cuisson uniforme.

- **Préchauffage :** Préchauffez la fonction friteuse à air pendant quelques minutes avant d'ajouter les quartiers de pommes de terre pour vous assurer qu'ils commencent à cuire à la bonne température.

- **Croustillance supplémentaire :** Pour des quartiers encore plus croustillants, faites tremper les pommes de terre coupées dans de l'eau froide pendant 30 minutes avant de les assaisonner. Cela aide à éliminer l'excès d'amidon.

- **Brûlure d'ail :** L'ail émincé peut facilement brûler pendant la cuisson. Ajoutez l'ail vers la fin du processus de sauté pour éviter qu'il ne brûle et ne devienne amer.

- **Variations de saveurs :** Expérimentez avec différents assaisonnements tels que du paprika fumé, du romarin ou de la poudre de chili pour personnaliser la saveur à votre goût.

⬜ Tacos au poisson croquant

Ingrédients

- **Pour le poisson :**

    - 1 lb de filets de poisson blanc (comme la morue ou le tilapia), coupés en lanières

    - 1 tasse de farine tout usage

    - 2 oeufs, battus

    - 1 tasse de chapelure panko

- 1 cuillère à café de paprika

- 1 cuillère à café de poudre d'ail

- 1 cuillère à café de sel

- 1/2 cuillère à café de poivre noir

- **Pour les tacos :**

  - 8 petites tortillas de maïs ou de farine

  - 1 tasse de chou râpé

  - 1/2 tasse de tomates en dés

  - 1/2 tasse d'oignon rouge coupé en dés

  - 1/4 tasse de coriandre fraîche hachée

  - 1 avocat, tranché

  - Quartiers de citron vert, pour servir

- **Pour la sauce:**

  - 1/2 tasse de mayonnaise

  - 2 cuillères à soupe de jus de citron vert

  - 1 cuillère à café de sauce piquante (facultatif)

- Sel et poivre au goût

Instructions de cuissons

1. **Préparez le poisson :**

   - Installez une station de panure avec trois bols peu profonds. Dans le premier bol, mettez la farine. Dans le deuxième bol, placez les œufs battus. Dans le troisième bol, mélangez la chapelure panko avec le paprika, la poudre d'ail, le sel et le poivre noir.

   - Draguez chaque lanière de poisson dans la farine en secouant l'excédent, puis trempez-la dans les œufs battus et enfin enrobez-la du mélange de chapelure panko. Assurez-vous que chaque pièce est bien recouverte.

2. **Faire frire le poisson à l'air libre :**

   - Préchauffez le multicuiseur Ninja Combi en utilisant la fonction de friture à l'air libre à 400 °F (200 °C) pendant 5 minutes.

   - Placez les lanières de poisson panées dans le panier à légumes en une seule couche, en veillant à ce qu'elles ne se chevauchent pas. Vous devrez peut-être cuisiner par lots en fonction de la taille de votre multicuiseur.

- Faites frire le poisson à l'air libre pendant 8 à 10 minutes, en le retournant à mi-cuisson, jusqu'à ce qu'il soit doré et croustillant.

3. **Préparez la sauce :**

- Dans un petit bol, mélanger la mayonnaise, le jus de citron vert, la sauce piquante (le cas échéant) et une pincée de sel et de poivre. Remuer jusqu'à consistance lisse et réserver.

4. **Assemblez les tacos :**

- Réchauffez les tortillas dans le multicuiseur en fonction de cuisson à 350°F (175°C) pendant environ 2-3 minutes, ou jusqu'à ce qu'elles soient souples.

- Déposez quelques morceaux de poisson croustillant sur chaque tortilla. Garnir de chou râpé, de tomates en dés, d'oignon rouge en dés, de coriandre hachée et d'avocat tranché.

- Arroser de sauce au citron vert et servir avec des quartiers de citron vert en accompagnement.

Portion

- Donne 8 tacos

- Pour 4 personnes (2 tacos par portion)

Conseils

- **Même revêtement :** Pour une couche uniforme sur le poisson, pressez fermement la chapelure panko sur les lanières de poisson avant de les faire frire à l'air libre.

- **Cuisson par lots :** Si vous cuisinez par lots, gardez le poisson cuit au chaud dans un four doux (environ 200 °F) pendant que vous finissez de faire frire le reste à l'air libre.

- **Personnalisez la sauce :** Ajustez le niveau de piquant de la sauce en ajoutant plus ou moins de sauce piquante selon vos préférences gustatives.

- **Chaleur des tortillas :** Si vous préférez, vous pouvez réchauffer les tortillas sur une cuisinière ou au micro-ondes au lieu d'utiliser le multicuiseur.

- **Ingredients frais:** Utilisez les ingrédients les plus frais possibles pour les garnitures afin de rehausser la saveur et la texture de vos tacos.

☐ Bouchées de chou-fleur barbecue

Ingrédients:

- 1 grosse tête de chou-fleur, coupée en bouquets de la taille d'une bouchée

- 1 tasse de farine tout usage

- 1 tasse d'eau

- 1 cuillère à café de poudre d'ail

- 1 cuillère à café de poudre d'oignon

- 1/2 cuillère à café de paprika fumé

- 1/2 cuillère à café de sel

- 1/4 cuillère à café de poivre noir

- 1 tasse de sauce barbecue

- 2 cuillères à soupe d'huile d'olive

- 1/4 tasse d'oignons verts, hachés (pour la garniture)

- Vinaigrette ranch ou fromage bleu (pour servir)

Instructions de cuissons:

1. **Préparez la pâte :**

   - Dans un grand bol, mélanger la farine, l'eau, la poudre d'ail, la poudre d'oignon, le paprika fumé, le sel et le poivre noir jusqu'à consistance lisse. La pâte doit être suffisamment épaisse pour enrober le chou-fleur, mais toujours versable.

2. **Enrober le chou-fleur :**

   - Ajoutez les fleurons de chou-fleur à la pâte en vous assurant que chaque morceau est bien enrobé. Laissez égoutter l'excédent de pâte avant de déposer les fleurons sur une plaque à pâtisserie recouverte de papier sulfurisé.

3. **Préchauffer et saisir :**

   - Réglez votre multicuiseur Ninja Combi sur la fonction « Sear/Sauté » et ajoutez l'huile d'olive. Une fois chauffés, ajoutez les fleurons de chou-fleur panés par lots, en les saisissant jusqu'à ce qu'ils développent une croûte légèrement dorée. Cette étape permet de créer une texture croustillante.

4. **Cuisson sous pression :**

- Après avoir saisi, transférez les fleurons de chou-fleur dans le pot intérieur du multicuiseur. Ajoutez 1/4 tasse d'eau dans la casserole. Fixez le SmartLid et réglez le multicuiseur sur « Cuisson sous pression » à puissance élevée pendant 2 minutes. Cette étape permettra de cuire le chou-fleur à la vapeur jusqu'à ce qu'il soit tendre.

5. **Frire à l'air libre pour croustiller :**

- Relâchez soigneusement la pression et ouvrez le couvercle. Égoutter tout excès d'eau du pot. Badigeonner généreusement les bouchées de chou-fleur cuites à la vapeur de sauce BBQ.

- Mettez le multicuiseur sur la fonction « Air Fry ». Réglez la température à 400 °F et faites cuire pendant 8 à 10 minutes, ou jusqu'à ce que les bouchées de chou-fleur soient croustillantes et que la sauce barbecue soit caramélisée.

6. **Servir:**

- Retirez les bouchées de chou-fleur BBQ du multicuiseur et transférez-les dans un plat de service. Garnir d'oignons verts hachés et servir avec une vinaigrette ranch ou au fromage bleu en accompagnement pour tremper.

Portion:

- Cette recette en sert 4 en entrée ou en accompagnement.

Conseils:

- **Même revêtement :** Assurez-vous que les fleurons de chou-fleur sont uniformément enrobés de pâte pour une texture et une saveur uniformes.

- **Ajustez les niveaux d'épices :** N'hésitez pas à ajouter une pincée de poivre de Cayenne ou un peu de sauce piquante à la pâte si vous préférez une bouchée plus épicée.

- **Variétés de sauces :** Expérimentez avec différents types de sauce barbecue, comme la sauce barbecue au miel, la sauce barbecue épicée ou le chipotle fumé, pour personnaliser la saveur.

- **Texture plus croustillante :** Pour une texture encore plus croustillante, vous pouvez faire frire les bouchées de chou-fleur à l'air libre. Après la friture initiale à l'air libre, laissez-les refroidir pendant quelques minutes, puis faites-les frire à nouveau pendant 3 à 4 minutes.

- **Cuisson par lots :** Si vous cuisinez une grande quantité, faites frire les bouchées de chou-fleur à l'air libre par lots pour vous assurer qu'elles cuisent uniformément et conservent leur croustillant.

☐ Ziti au four au fromage

Ingrédients:

- 1 livre de pâtes

- 1 lb de bœuf haché ou de saucisse italienne

- 1 oignon, finement haché

- 3 gousses d'ail, émincées

- 2 tasses de sauce marinara

- 1 boîte (14,5 oz) de tomates en dés

- 1 cuillère à café d'origan séché

- 1 cuillère à café de basilic séché

- 1/2 cuillère à café de flocons de piment rouge (facultatif)

- Sel et poivre au goût

- 1 tasse de fromage ricotta

- 2 tasses de fromage mozzarella râpé

- 1/2 tasse de parmesan râpé

- 2 cuillères à soupe d'huile d'olive

- Basilic ou persil frais pour la garniture (facultatif)

Instructions de cuissons:

1. **Préparez les pâtes :**

   - Cuire les pâtes ziti selon les instructions sur l'emballage jusqu'à ce qu'elles soient al dente. Égoutter et réserver.

2. **Faire revenir la viande et les légumes :**

   - Réglez votre multicuiseur Ninja Combi sur la fonction « Sear/Sauté » et faites chauffer l'huile d'olive. Ajoutez le bœuf haché ou la saucisse italienne, brisez-le avec une cuillère et faites cuire jusqu'à ce qu'il soit doré. Retirez la viande et réservez.

   - Dans la même casserole, ajoutez l'oignon émincé et faites cuire jusqu'à ce qu'il soit translucide. Ajouter l'ail émincé et cuire encore 1 à 2 minutes jusqu'à ce qu'il soit parfumé.

3. **Mélanger les ingrédients :**

- Remettez la viande cuite dans la casserole et ajoutez la sauce marinara, les tomates en dés, l'origan, le basilic, les flocons de piment rouge (le cas échéant), le sel et le poivre. Bien mélanger et laisser mijoter le mélange pendant environ 5 minutes.

4. **Mélanger avec des pâtes et du fromage :**

- Dans un grand bol, mélanger les pâtes ziti cuites avec la sauce à la viande. Ajoutez la ricotta et la moitié de la mozzarella. Mélanger jusqu'à ce que le tout soit bien mélangé.

5. **Cuire:**

- Transférez le mélange dans le plat allant au four du Ninja Combi Multicooker. Saupoudrer uniformément le reste du fromage mozzarella et du parmesan.

- Réglez le multicuiseur sur la fonction « Cuisson » et faites cuire à 350 °F pendant 20 à 25 minutes, ou jusqu'à ce que le fromage soit fondu et bouillonne.

6. **Servir:**

- Une fois le ziti cuit à la perfection, retirez délicatement le plat du multicuiseur. Laissez-le refroidir quelques minutes avant de servir.

- Garnir de basilic frais ou de persil si désiré.

Portion:

- Cette recette sert environ 6 à 8 personnes.

Conseils:

- **Utilisez des ingrédients de qualité :** Pour une saveur optimale, utilisez une sauce marinara de haute qualité et des fromages frais. Ces ingrédients font une différence significative dans le plat final.

- **Ajouter des légumes :** Pour une version plus nutritive, pensez à ajouter des légumes comme des épinards, des poivrons ou des champignons à la sauce à la viande.

- **Prenez de l'avance :** Vous pouvez préparer le ziti à l'avance et le conserver au réfrigérateur jusqu'à 24 heures avant la cuisson. Cela en fait une option pratique pour les journées chargées ou pour recevoir des invités.

- **Gelé:** Le ziti cuit au fromage se congèle bien. Préparez le plat jusqu'à l'étape de cuisson, puis couvrez hermétiquement et congelez. Au moment de manger, décongeler au réfrigérateur pendant la nuit et cuire au four comme indiqué.

- **Fromage supplémentaire:** Pour un plat encore plus fromager, mélangez un peu de fromage supplémentaire au mélange de pâtes avant la cuisson. Vous ne pouvez jamais vous tromper avec plus de fromage !

⬜ Poivrons farcis

Ingrédients:

- 4 gros poivrons (n'importe quelle couleur)

- 1 lb de bœuf haché ou de dinde

- 1 tasse de riz cuit (blanc ou brun)

- 1 petit oignon, finement haché

- 2 gousses d'ail, hachées

- 1 boîte (14,5 oz) de tomates en dés, égouttées

- 1 tasse de fromage râpé (cheddar ou mozzarella)

- 1 cuillère à café d'origan séché

- 1 cuillère à café de basilic séché

- 1 cuillère à café de sel

- 1/2 cuillère à café de poivre noir

- 1 cuillère à soupe d'huile d'olive

- 1 tasse de sauce tomate

- Persil frais haché (pour la garniture)

Instructions de cuissons:

1. **Préparez les poivrons :**

   - Coupez le dessus des poivrons et retirez les graines et les membranes. Rincer abondamment et réserver.

2. **Saisir/Sauter la garniture :**

   - Réglez votre multicuiseur Ninja Combi sur la fonction « Sear/Sauté ». Ajouter l'huile d'olive et chauffer jusqu'à ce qu'elle brille.

   - Ajouter l'oignon et l'ail hachés et faire revenir jusqu'à ce qu'ils soient translucides (environ 3-4 minutes).

   - Ajoutez le bœuf ou la dinde haché, en le brisant avec une spatule et faites cuire jusqu'à ce qu'il soit doré. Égouttez tout excès de graisse si nécessaire.

3. **Mélanger les ingrédients :**

   - Incorporer le riz cuit, les tomates en dés, l'origan, le basilic, le sel et le poivre noir. Cuire encore 2-3 minutes jusqu'à ce que le tout soit bien mélangé.

   - Désactivez la fonction « Sear/Sauté » et incorporez la moitié du fromage râpé.

4. **Farcir les poivrons :**

  - Remplissez chaque poivron avec le mélange de viande et de riz, en appuyant doucement pour emballer la garniture.

5. **Cuire les poivrons farcis :**

  - Placez les poivrons farcis à la verticale dans le multicuiseur Ninja Combi. Versez la sauce tomate sur les poivrons.

  - Fermez le couvercle et réglez le multicuiseur sur la fonction « Cuisson ». Cuire à 350 °F (175 °C) pendant 20 à 25 minutes ou jusqu'à ce que les poivrons soient tendres.

6. **Ajouter le fromage et terminer :**

  - Ouvrez le couvercle et saupoudrez le reste du fromage râpé sur le dessus des poivrons.

  - Fermez le couvercle et sélectionnez la fonction « Air Fry ». Cuire encore 5 minutes ou jusqu'à ce que le fromage soit fondu et bouillonnant.

7. **Servir:**

- Retirez délicatement les poivrons farcis du multicuiseur et placez-les sur des assiettes de service.

- Garnir de persil frais haché avant de servir.

Portion:

- Pour 4 personnes

Conseils:

- **Sélection de poivrons :** Choisissez des poivrons de taille similaire pour qu'ils cuisent uniformément. N'importe quelle couleur de poivron fonctionnera, mais un mélange de couleurs peut donner un plat plus attrayant visuellement.

- **Prenez de l'avance :** Vous pouvez préparer la garniture et farcir les poivrons à l'avance. Conservez-les au réfrigérateur jusqu'à 24 heures avant la cuisson. Cela peut vous faire gagner beaucoup de temps lors des soirées de semaine chargées.

- **Options de riz :** N'hésitez pas à utiliser différents types de riz ou de céréales comme le quinoa pour une touche plus saine. Assurez-vous qu'ils sont précuits avant de les mélanger à la viande.

- **Variantes de fromage :** Expérimentez avec différents fromages tels que le pepper jack pour une touche épicée ou le gouda pour une saveur riche et fumée.

- **Version végétarienne :** Pour une version végétarienne, remplacez la viande hachée par une protéine végétale ou des légumes supplémentaires comme des champignons, des courgettes et des haricots.

☐ Lasagne aux épinards et à la ricotta

Ingrédients

- **Pour le mélange Ricotta :**

  - 2 tasses de fromage ricotta

  - 1 tasse de parmesan râpé

  - 1 œuf large

  - 1 cuillère à café de sel

  - 1/2 cuillère à café de poivre noir

  - 1/2 cuillère à café de muscade

  - 2 tasses d'épinards frais, hachés (ou 1 tasse d'épinards surgelés, décongelés et égouttés)

- **Pour les lasagnes :**

  - 9 nouilles à lasagne (sans ébullition ou régulières)

  - 2 tasses de sauce marinara

  - 2 tasses de fromage mozzarella râpé

  - 1 tasse de parmesan râpé

  - Feuilles de basilic frais, pour la garniture (facultatif)

Instructions de cuissons

1. **Préparez le mélange de ricotta :**

   - Dans un grand bol, mélanger le fromage ricotta, le parmesan, l'œuf, le sel, le poivre noir, la muscade et les épinards hachés. Mélanger jusqu'à ce que le tout soit bien mélangé.

2. **Assemblez les lasagnes :**

   - Étalez une fine couche de sauce marinara au fond de la marmite Ninja Combi Multicooker.

   - Placez une couche de nouilles à lasagne sur la sauce, en les cassant si nécessaire pour les adapter.

- Étalez une partie du mélange de ricotta sur les nouilles, suivie d'une pincée de fromage mozzarella.

- Répétez le processus de superposition : sauce, nouilles, mélange de ricotta et mozzarella, jusqu'à obtenir trois couches.

- Garnir la dernière couche du reste de la sauce marinara, du fromage mozzarella et du parmesan râpé.

3. **Cuire les lasagnes :**

- Fermez le SmartLid et réglez le Ninja Combi Multicooker sur la fonction « Cuisson ».

- Cuire au four à 375 °F (190 °C) pendant 25 à 30 minutes, ou jusqu'à ce que les lasagnes bouillonnent et que le fromage dessus soit doré.

- Laissez les lasagnes reposer 10 minutes avant de servir pour les laisser prendre.

4. **Servir:**

- Couper en carrés et servir chaud, garni de feuilles de basilic frais si désiré.

Portion

- Pour 6 à 8 personnes

Conseils

1. **Utilisez des épinards frais :** Les épinards frais ajoutent une saveur et une texture vibrantes. Si vous utilisez des épinards surgelés, assurez-vous qu'ils sont complètement décongelés et égouttés pour éviter un excès d'humidité dans les lasagnes.

2. **Nouilles sans ébullition :** Si vous utilisez des nouilles à lasagne sans ébullition, assurez-vous qu'elles sont complètement recouvertes de sauce pour bien cuire.

3. **Superposition uniforme :** Pour de meilleurs résultats, assurez-vous de superposer uniformément les nouilles, le mélange de ricotta et la sauce. Cela garantit que chaque bouchée est savoureuse et bien équilibrée.

4. **Préchauffer pour une cuisson parfaite :** Préchauffez le multicuiseur Ninja Combi en utilisant la fonction « Cuisson » pendant quelques minutes pour garantir une cuisson uniforme.

5. **Laissez-le reposer :** Laisser reposer les lasagnes après la cuisson les aide à prendre et les rend plus faciles à couper et à servir.

6. **Ajouter des légumes supplémentaires :** Pour plus de nutrition et de saveur, pensez à incorporer d'autres légumes tels que des champignons sautés, des courgettes ou des poivrons dans les couches.

☐ Gratin de macaroni

Ingrédients

- **Pour le mélange Ricotta :**

    - 2 tasses de fromage ricotta

    - 1 tasse de parmesan râpé

    - 1 œuf large

    - 1 cuillère à café de sel

    - 1/2 cuillère à café de poivre noir

    - 1/2 cuillère à café de muscade

    - 2 tasses d'épinards frais, hachés (ou 1 tasse d'épinards surgelés, décongelés et égouttés)

- **Pour les lasagnes :**

- 9 nouilles à lasagne (sans ébullition ou régulières)

- 2 tasses de sauce marinara

- 2 tasses de fromage mozzarella râpé

- 1 tasse de parmesan râpé

- Feuilles de basilic frais, pour la garniture (facultatif)

Instructions de cuissons

1. **Préparez le mélange de ricotta :**

   - Dans un grand bol, mélanger le fromage ricotta, le parmesan, l'œuf, le sel, le poivre noir, la muscade et les épinards hachés. Mélanger jusqu'à ce que le tout soit bien mélangé.

2. **Assemblez les lasagnes :**

   - Étalez une fine couche de sauce marinara au fond de la marmite Ninja Combi Multicooker.

   - Placez une couche de nouilles à lasagne sur la sauce, en les cassant si nécessaire pour les adapter.

   - Étalez une partie du mélange de ricotta sur les nouilles, suivie d'une pincée de fromage mozzarella.

- Répétez le processus de superposition : sauce, nouilles, mélange de ricotta et mozzarella, jusqu'à obtenir trois couches.

- Garnir la dernière couche du reste de la sauce marinara, du fromage mozzarella et du parmesan râpé.

3. **Cuire les lasagnes :**

- Fermez le SmartLid et réglez le Ninja Combi Multicooker sur la fonction « Cuisson ».

- Cuire au four à 375 °F (190 °C) pendant 25 à 30 minutes, ou jusqu'à ce que les lasagnes bouillonnent et que le fromage dessus soit doré.

- Laissez les lasagnes reposer 10 minutes avant de servir pour les laisser prendre.

4. **Servir:**

- Couper en carrés et servir chaud, garni de feuilles de basilic frais si désiré.

Portion

- Pour 6 à 8 personnes

Conseils

1. **Utilisez des épinards frais :** Les épinards frais ajoutent une saveur et une texture vibrantes. Si vous utilisez des épinards surgelés, assurez-vous qu'ils sont complètement décongelés et égouttés pour éviter un excès d'humidité dans les lasagnes.

2. **Nouilles sans ébullition :** Si vous utilisez des nouilles à lasagne sans ébullition, assurez-vous qu'elles sont complètement recouvertes de sauce pour bien cuire.

3. **Superposition uniforme :** Pour de meilleurs résultats, assurez-vous de superposer uniformément les nouilles, le mélange de ricotta et la sauce. Cela garantit que chaque bouchée est savoureuse et bien équilibrée.

4. **Préchauffer pour une cuisson parfaite :** Préchauffez le multicuiseur Ninja Combi en utilisant la fonction « Cuisson » pendant quelques minutes pour garantir une cuisson uniforme.

5. **Laissez-le reposer :** Laisser reposer les lasagnes après la cuisson les aide à prendre et les rend plus faciles à couper et à servir.

6. **Ajouter des légumes supplémentaires :** Pour plus de nutrition et de saveur, pensez à incorporer d'autres légumes tels que des champignons sautés, des courgettes ou des poivrons dans les couches.

☐ Casserole de poulet Alfredo

Ingrédients:

- 2 tasses de poitrine de poulet cuite, râpée ou coupée en cubes

- 8 onces de pâtes penne

- 2 tasses de crème épaisse

- 1 tasse de lait

- 1 tasse de parmesan râpé

- 1 tasse de fromage mozzarella râpé

- 4 gousses d'ail, émincées

- 2 cuillères à soupe de beurre

- 2 cuillères à soupe de farine tout usage

- 1 cuillère à café d'assaisonnement italien

- Sel et poivre au goût

- 1/4 tasse de persil haché (facultatif, pour la garniture)

- 1/2 tasse de chapelure (facultatif, pour la garniture)

Instructions de cuissons:

1. **Cuire les pâtes :**

   - Réglez le Ninja Combi Multicooker sur la fonction « Sear/Sauté » et portez à ébullition une casserole d'eau salée. Ajouter les penne et cuire selon les instructions sur l'emballage jusqu'à ce qu'elles soient al dente. Égoutter et réserver.

2. **Préparez la sauce Alfredo :**

   - Pendant que les pâtes cuisent, réglez le multicuiseur sur la fonction « Saisir/Sauté ». Faire fondre le beurre dans la casserole et ajouter l'ail émincé en faisant revenir jusqu'à ce qu'il soit parfumé (environ 1 minute).

   - Incorporer la farine et cuire encore une minute jusqu'à ce qu'elle forme une pâte lisse.

- Incorporez progressivement la crème épaisse et le lait en remuant constamment jusqu'à ce que la sauce épaississe (environ 5 minutes).

- Ajouter le parmesan, l'assaisonnement italien, le sel et le poivre. Remuer jusqu'à ce que le fromage soit fondu et que la sauce soit lisse.

3. **Mélanger les ingrédients :**

- Ajoutez les pâtes cuites, le poulet râpé et la moitié du fromage mozzarella dans la casserole. Remuer jusqu'à ce que tout soit bien mélangé et que les pâtes et le poulet soient uniformément enrobés de sauce.

4. **Assemblez la cocotte :**

- Si vous le souhaitez, transférez le mélange dans un plat allant au four adapté à votre multicuiseur Ninja Combi ou continuez à utiliser la marmite multicuiseur. Garnir la cocotte avec le reste du fromage mozzarella et de la chapelure (le cas échéant).

5. **Cuire la cocotte :**

- Réglez le Ninja Combi Multicooker sur la fonction « Cuisson » et préchauffez-le à 350 °F (175 °C). Cuire la cocotte pendant 20 à 25 minutes ou jusqu'à ce que le dessus soit doré et bouillonnant.

6. **Servir:**

- Garnir de persil haché si désiré. Servir chaud et déguster !

Portion:

- Cette recette sert environ 4 à 6 personnes.

Conseils:

1. **Utilisez les restes de poulet :** Cette recette est une excellente façon d'utiliser les restes de poulet cuit. Vous pouvez également utiliser du poulet rôti pour plus de commodité et de saveur.

2. **Ajouter des légumes :** Pour un repas plus équilibré, pensez à ajouter des légumes comme du brocoli cuit à la vapeur, des champignons sautés ou des épinards à la cocotte. Mélangez-les simplement avec les pâtes et le poulet avant la cuisson.

3. **Personnalisez le fromage :** N'hésitez pas à expérimenter différents types de fromages. L'ajout d'un peu de gruyère ou de cheddar peut rehausser le profil aromatique de la cocotte.

4. **Prenez de l'avance :** Vous pouvez assembler la cocotte à l'avance et la conserver au réfrigérateur jusqu'à 24 heures avant la cuisson. Cela en fait une excellente option pour la préparation des repas ou un dîner chargé en semaine.

5. **Garniture de chapelure :** Pour une garniture encore plus croustillante, mélangez la chapelure avec une cuillère à soupe de beurre fondu avant de la saupoudrer sur la cocotte.

☐ Risotto Classique

Ingrédients:

- 1 1/2 tasse de riz arborio

- 4 tasses de bouillon de poulet ou de légumes, réchauffé

- 1 tasse de vin blanc sec (facultatif)

- 1 oignon moyen, finement haché

- 2 gousses d'ail, hachées

- 1/2 tasse de parmesan râpé

- 2 cuillères à soupe d'huile d'olive

- 2 cuillères à soupe de beurre

- Sel et poivre au goût

- Persil frais haché (pour la garniture)

Instructions de cuissons:

1. **Préparez les ingrédients :**

- Faites chauffer le bouillon dans une casserole à feu doux. Laissez-le mijoter doucement.

- Hachez finement l'oignon et émincez l'ail.

2. **Faire revenir les aromatiques :**

- Réglez le Ninja Combi Multicooker sur la fonction « Sear/Sauté ». Ajoutez l'huile d'olive et le beurre.

- Une fois le beurre fondu, ajoutez l'oignon et l'ail hachés. Faire revenir jusqu'à ce que l'oignon devienne translucide et parfumé, environ 3-4 minutes.

3. **Faire griller le riz :**

- Ajoutez le riz Arborio dans la casserole avec les oignons et l'ail sautés. Remuer continuellement pendant 2-3 minutes, en vous assurant que chaque grain est enrobé du mélange d'huile et de beurre. Cette étape est cruciale pour le grillage du riz, qui contribue à développer la texture crémeuse du risotto.

4. **Déglacer avec le vin :**

- Versez le vin blanc (le cas échéant) et remuez jusqu'à ce qu'il soit presque entièrement évaporé. Cela ajoute de la profondeur à la saveur du risotto. Si vous préférez ne pas utiliser de vin, vous pouvez sauter cette étape et passer au bouillon.

5. **Cuire le Risotto :**

- Commencez à ajouter le bouillon chaud, une louche à la fois, au riz. Remuez constamment et attendez que la majeure partie du liquide soit absorbée avant d'ajouter du bouillon. Ce processus devrait prendre environ 18 à 20 minutes. Le riz doit être crémeux et légèrement al dente une fois cuit.

6. **Terminez le Risotto :**

- Une fois le riz cuit à la consistance désirée, incorporez le parmesan râpé. Assaisonnez avec du sel et du poivre selon votre goût.

- Si le risotto est trop épais, vous pouvez ajouter un peu plus de bouillon tiède pour obtenir la consistance souhaitée.

7. **Servir:**

- Servir le risotto chaud, garni de persil frais haché et d'une pincée supplémentaire de parmesan si vous le souhaitez.

Portion:

- Cette recette en sert 4 en plat principal ou 6 en accompagnement.

Conseils:

- **Cohérence:** La clé d'un risotto parfait est d'obtenir une consistance crémeuse. Remuer continuellement aide à libérer l'amidon du riz, ce qui crée l'onctuosité caractéristique.

- **Bouillon:** Utilisez du bouillon chaud pour maintenir le processus de cuisson cohérent. Le bouillon froid ralentira la cuisson et affectera la texture du risotto.

- **Fromage:** Pour une saveur plus riche, vous pouvez ajouter un peu plus de parmesan ou même une touche de mascarpone.

- **Compléments :** N'hésitez pas à personnaliser votre risotto avec des compléments comme des champignons sautés, des petits pois ou des asperges. Ajoutez ces ingrédients dans les dernières minutes de cuisson pour bien les incorporer au plat.

- **Patience:** Prenez votre temps à chaque étape. Le risotto consiste à ajouter lentement du liquide et à remuer constamment pour créer une texture crémeuse.

☐ Pâtes Alfredo crémeuses

Ingrédients:

- 8 onces de pâtes fettuccine

- 2 tasses de crème épaisse

- 1 tasse de parmesan râpé

- 4 cuillères à soupe de beurre non salé

- 2 gousses d'ail, hachées

- 1 cuillère à café de sel

- 1/2 cuillère à café de poivre noir

- 1/4 cuillère à café de muscade (facultatif)

- Persil frais haché (pour la garniture)

Instructions de cuissons:

1. **Cuire les pâtes :**

   - Réglez votre multicuiseur Ninja Combi sur la fonction « Riz/Pâtes ». Remplissez la casserole intérieure avec suffisamment d'eau pour cuire les pâtes (environ 4 tasses) et ajoutez une pincée de sel. Amenez l'eau à ébullition.

- Ajoutez les pâtes fettuccine et faites cuire selon les instructions sur l'emballage jusqu'à ce qu'elles soient al dente, généralement environ 8 à 10 minutes. Remuer de temps en temps pour éviter de coller.

- Une fois les pâtes cuites, égouttez-les et réservez.

2. **Préparez la sauce Alfredo :**

- Essuyez le pot intérieur pour éliminer toute eau de pâte restante. Réglez le Ninja Combi Multicooker sur la fonction « Sear/Sauté » à feu moyen.

- Ajoutez le beurre dans la casserole. Une fois fondu, ajoutez l'ail émincé et faites revenir jusqu'à ce qu'il soit parfumé, environ 1 à 2 minutes.

- Versez la crème épaisse et portez à légère ébullition. Réduisez le feu à doux et laissez cuire 5 minutes en remuant de temps en temps.

3. **Mélanger les pâtes et la sauce :**

- Ajoutez progressivement le parmesan râpé à la sauce, en remuant continuellement jusqu'à ce que le fromage soit fondu et que la sauce soit lisse et crémeuse.

- Assaisonner avec du sel, du poivre noir et de la muscade (si vous en utilisez).

- Ajouter les fettuccine cuites dans la casserole, en remuant pour enrober uniformément les pâtes de sauce Alfredo.

4. **Servir:**

- Répartir les pâtes Alfredo crémeuses dans les assiettes de service.

- Garnir de persil frais haché et de parmesan râpé supplémentaire, si désiré.

- Servir aussitôt chaud.

Portion:

- Pour 4 personnes

Conseils:

- **Choix de pâtes :** Bien que les fettuccines soient le choix classique pour la sauce Alfredo, n'hésitez pas à utiliser d'autres types de pâtes comme les linguines ou les penne si vous préférez.

- **Qualité du fromage :** Pour une meilleure saveur, utilisez du parmesan fraîchement râpé plutôt que des variétés pré-râpées. Le fromage frais fond plus doucement et rehausse la richesse de la sauce.

- **Consistance de la crème :** Si la sauce devient trop épaisse, vous pouvez la diluer en ajoutant un peu d'eau de cuisson des pâtes ou un peu de crème supplémentaire jusqu'à obtenir la consistance souhaitée.

- **Ajouts de protéines :** Pour un repas plus copieux, pensez à ajouter du poulet cuit, des crevettes ou du brocoli aux pâtes. Faites simplement sauter ces ingrédients séparément et mélangez-les aux pâtes et à la sauce à la fin.

- **Évitez la surchauffe :** Attention à ne pas surchauffer la sauce une fois le fromage ajouté, car cela pourrait provoquer sa séparation. Gardez le feu doux et remuez doucement.

Paella espagnole

Ingrédients:

- 2 cuillères à soupe d'huile d'olive

- 1 oignon, finement haché

- 1 poivron rouge, coupé en dés

- 3 gousses d'ail, émincées

- 1 1/2 tasse de riz Arborio ou de riz Bomba

- 1/2 cuillère à café de paprika fumé

- 1/4 cuillère à café de fils de safran écrasés

- 4 tasses de bouillon de poulet ou de fruits de mer, chaud

- 1/2 tasse de vin blanc sec

- 1 tasse de tomates en dés (en conserve ou fraîches)

- 1/2 lb de cuisses de poulet désossées et sans peau, coupées en bouchées

- 1/2 lb de chorizo, tranché

- 1/2 lb de grosses crevettes, décortiquées et déveinées

- 1/2 lb de moules, lavées et débarrassées

- 1/2 tasse de petits pois surgelés

- Sel et poivre au goût

- Quartiers de citron et persil frais haché pour la garniture

Instructions de cuissons:

1. **Préparez le multicuiseur :** Réglez votre multicuiseur Ninja Combi sur la fonction « Sear/Sauté » et faites chauffer l'huile d'olive.

2. **Sauté Aromatics:** Ajoutez l'oignon haché et le poivron rouge coupé en dés dans la casserole, en faisant revenir jusqu'à ce qu'ils soient tendres et translucides, environ 5 minutes. Ajouter l'ail émincé et cuire encore une minute jusqu'à ce qu'il soit parfumé.

3. **Cuire la viande :** Ajoutez les cuisses de poulet et les tranches de chorizo dans la cocotte. Cuire jusqu'à ce que le poulet soit doré de tous les côtés et que le chorizo soit légèrement croustillant.

4. **Ajouter le riz et les assaisonnements :** Incorporer le riz Arborio, le paprika fumé et les fils de safran, en veillant à ce que le riz soit bien enrobé d'huile et d'épices.

5. **Déglacer et laisser mijoter :** Versez le vin blanc en grattant les morceaux dorés du fond de la casserole. Laissez le vin réduire de moitié, puis ajoutez les tomates en dés et le bouillon tiède. Bien mélanger pour combiner.

6. **Cuisson sous pression :** Fixez le SmartLid et réglez le multicuiseur Ninja Combi sur « Cuisson sous pression » à puissance élevée pendant 10 minutes. Assurez-vous que la soupape d'évacuation de la vapeur est scellée.

7. **Ajouter des fruits de mer :** Une fois le cycle de cuisson sous pression terminé, relâchez rapidement la pression et ouvrez soigneusement le couvercle. Ajouter les crevettes, les moules et les petits pois surgelés dans la casserole en remuant doucement pour les incorporer.

8. **Terminer la cuisson :** Passez à nouveau à la fonction « Sear/Sauté » et faites cuire encore 5 minutes, ou jusqu'à ce que les crevettes soient roses et opaques et que les moules soient ouvertes. Jetez les moules qui ne s'ouvrent pas.

9. **Assaisonner et servir :** Assaisonnez la paella avec du sel et du poivre selon votre goût. Garnir de quartiers de citron et de persil frais haché avant de servir.

Portion:

- Pour 4 à 6 personnes

Conseils:

- **Substitution du safran :** Si le safran n'est pas disponible, vous pouvez utiliser une pincée de curcuma pour la couleur et une saveur douce, même si cela ne reproduira pas le goût unique du safran.

- **Utilisez un bouillon de haute qualité :** Le bouillon est un élément crucial de la saveur de la paella. L'utilisation d'un riche bouillon de poulet ou de fruits de mer fait maison peut considérablement rehausser le plat.

- **Ne remuez pas trop :** Une fois le riz ajouté, évitez de remuer trop fréquemment. Cela aide à développer le socarrat, la couche inférieure croustillante qui est une caractéristique prisée de la paella traditionnelle.

- **Fruits de mer frais:** Les fruits de mer frais peuvent faire une grande différence dans la saveur de votre paella. Si possible, utilisez des crevettes et des moules fraîches plutôt que surgelées.

- **Personnalisez votre Paella :** N'hésitez pas à ajouter d'autres fruits de mer comme des calamars ou des coquilles Saint-Jacques, ou encore des légumes comme des artichauts et des haricots verts pour personnaliser votre paella.

☐ Risotto aux champignons et aux épinards

Ingrédients:

- 1 tasse de riz arborio

- 2 tasses de champignons, tranchés

- 1 tasse d'épinards frais, hachés

- 1 petit oignon, finement haché

- 2 gousses d'ail, hachées

- 4 tasses de bouillon de légumes, tiède

- 1/2 tasse de vin blanc sec (facultatif)

- 1/2 tasse de parmesan râpé

- 2 cuillères à soupe d'huile d'olive

- 2 cuillères à soupe de beurre

- Sel et poivre au goût

- Persil frais haché (pour la garniture)

Instructions de cuissons:

1. **Préparez les ingrédients :**

   - Lavez et émincez les champignons.

   - Hachez les épinards, l'oignon et le persil.

   - Hachez l'ail.

2. **Faire revenir les légumes :**

   - Réglez votre multicuiseur Ninja Combi sur la fonction « Sear/Sauté ». Ajouter l'huile d'olive et le beurre dans la casserole.

   - Une fois le beurre fondu, ajoutez les oignons et l'ail. Faire revenir jusqu'à ce qu'ils soient translucides et parfumés.

- Ajouter les champignons tranchés et cuire jusqu'à ce qu'ils libèrent leur humidité et commencent à dorer, environ 5 minutes.

3. **Faire griller le riz :**

- Ajoutez le riz Arborio dans la casserole et remuez pour l'enrober d'huile et de beurre. Cuire environ 2 minutes, jusqu'à ce que le riz devienne légèrement translucide sur les bords.

4. **Déglacer la marmite :**

- Versez le vin blanc (le cas échéant) et remuez constamment jusqu'à ce que le liquide soit presque entièrement absorbé. Cette étape ajoute de la profondeur à la saveur du risotto.

5. **Cuire le risotto sous pression :**

- Versez le bouillon de légumes tiède. Bien mélanger pour combiner.

- Fermez le SmartLid et réglez le Ninja Combi Multicooker sur « Cuisson sous pression » à puissance élevée pendant 6 minutes.

- Une fois le temps de cuisson terminé, utilisez la méthode de dégagement rapide pour relâcher la pression.

6. **Terminez le Risotto :**

   - Ouvrez le couvercle et incorporez les épinards hachés et le parmesan râpé. La chaleur résiduelle fera flétrir les épinards et faire fondre le fromage, rendant le risotto crémeux et délicieux.

   - Assaisonnez avec du sel et du poivre selon votre goût.

7. **Servir:**

   - Verser le risotto dans des bols de service et garnir de persil frais et d'une pincée supplémentaire de parmesan si vous le souhaitez.

Portion:

- Cette recette en sert 4.

Conseils:

- **Agitation constante :** Lorsque vous faites griller le riz, assurez-vous de remuer régulièrement pour éviter qu'il ne colle au fond de la casserole.

- **Bouillon chaud :** Utilisez toujours du bouillon chaud lorsque vous préparez un risotto. Le bouillon froid peut choquer le riz et affecter le processus de cuisson.

- **Substitut de vin :** Si vous préférez ne pas utiliser de vin, vous pouvez le remplacer par une quantité égale de bouillon de légumes supplémentaire.

- **Ajout de protéines :** Pour un repas plus consistant, pensez à ajouter du poulet ou des crevettes cuites après la cuisson sous pression.

- **Variations végétales :** N'hésitez pas à expérimenter avec d'autres légumes comme les pois, les asperges ou les poivrons pour plus de saveur et de nutrition.

⬜ Riz Frit Au Poulet

Ingrédients:

- 2 tasses de riz blanc cuit (de préférence d'un jour)

- 1 lb de poitrine de poulet, coupée en dés

- 2 cuillères à soupe d'huile végétale, divisée

- 1 oignon, finement haché

- 2 gousses d'ail, hachées

- 1 tasse de pois et de carottes surgelés

- 2 œufs légèrement battus

- 3 cuillères à soupe de sauce soja

- 1 cuillère à soupe de sauce aux huîtres (facultatif)

- 1 cuillère à café d'huile de sésame

- 2 oignons verts, tranchés

- Sel et poivre au goût

Instructions de cuissons:

1. **Préparer les ingrédients :**

   - Assurez-vous que tous les ingrédients sont préparés et prêts à être utilisés avant de commencer la cuisson. Cela permet une cuisson rapide et efficace.

2. **Cuire le poulet :**

   - Réglez votre multicuiseur Ninja Combi sur la fonction Sear/Sauté. Ajoutez 1 cuillère à soupe d'huile végétale dans la casserole.

- Une fois l'huile chaude, ajoutez les dés de poitrine de poulet. Assaisonner de sel et de poivre et cuire jusqu'à ce que le poulet soit complètement cuit et légèrement doré, environ 5 à 7 minutes. Retirez le poulet de la marmite et réservez.

3. **Faire revenir les aromatiques :**

- Dans la même casserole, ajoutez 1 cuillère à soupe d'huile végétale restante. Ajoutez l'oignon et l'ail hachés. Faire sauter jusqu'à ce que l'oignon devienne translucide et que l'ail soit parfumé, environ 2-3 minutes.

4. **Cuire les légumes :**

- Ajoutez les petits pois et les carottes surgelés dans la casserole. Cuire encore 2-3 minutes jusqu'à ce que les légumes soient tendres.

5. **Brouiller les oeufs:**

- Poussez les légumes d'un côté de la casserole. Versez les œufs battus dans le côté vide et brouillez-les jusqu'à ce qu'ils soient complètement cuits. Une fois terminé, mélangez-les avec les légumes.

6. **Combinez tout :**

- Remettez le poulet cuit dans la casserole. Ensuite, ajoutez le riz cuit, en brisant les grumeaux au fur et à mesure que vous le mélangez.

- Versez la sauce soja, la sauce aux huîtres (le cas échéant) et l'huile de sésame sur le mélange de riz. Remuez bien pour vous assurer que le tout est uniformément enrobé de sauces.

7. **Terminer et servir :**

- Cuire encore 2 à 3 minutes, en remuant de temps en temps, jusqu'à ce que le riz soit bien chaud et légèrement croustillant par endroits.

- Incorporer les oignons verts tranchés juste avant de servir.

Portion:

- Cette recette en sert 4.

Conseils:

1. **Utilisez du riz d'un jour :** Pour une texture optimale, utilisez du riz cuit et réfrigéré pendant au moins une

journée. Le riz fraîchement cuit peut être trop humide et collant.

2. **Préparez-vous à l'avance :** Préparez tous vos ingrédients et soyez prêts à l'emploi avant de commencer à cuisiner. Le riz frit se prépare rapidement et avoir tout à portée de main rendra le processus plus fluide.

3. **Ajuster les assaisonnements :** N'hésitez pas à ajuster la sauce soja et la sauce aux huîtres selon vos préférences gustatives. Vous pouvez également ajouter un peu de vinaigre de riz pour un peu de piquant.

4. **Ajouter des légumes supplémentaires :** Personnalisez votre riz frit en ajoutant d'autres légumes comme des poivrons, du maïs ou des champignons. Assurez-vous simplement qu'ils sont coupés en petits morceaux uniformes pour une cuisson uniforme.

5. **Variations de protéines :** Remplacez le poulet par des crevettes, du bœuf ou du tofu pour différentes variantes de ce plat.

6. **Garnir:** Pour plus de saveur et de texture, garnissez de graines de sésame ou d'un filet de sauce sriracha pour une touche épicée.

Bœuf Stroganoff

Ingrédients

- 1,5 lb de surlonge de bœuf, tranché finement
- 2 cuillères à soupe d'huile d'olive
- 1 gros oignon, finement haché
- 2 gousses d'ail, hachées
- 8 onces de champignons, tranchés
- 1 tasse de bouillon de boeuf
- 1 cuillère à soupe de sauce Worcestershire
- 1 tasse de crème sure
- 2 cuillères à soupe de farine
- Sel et poivre au goût
- 1 cuillère à café de paprika
- 4 tasses de nouilles aux œufs, cuites

- **Persil frais haché (pour la garniture)**

Instructions de cuissons

1. **Saisir le bœuf :**

   - Réglez le Ninja Combi Multicooker sur la fonction « Sear/Sauté ». Ajoutez l'huile d'olive et laissez chauffer.

   - Assaisonnez les tranches de bœuf avec du sel, du poivre et du paprika.

   - Ajouter le bœuf dans le multicuiseur et saisir jusqu'à ce qu'il soit doré de tous les côtés. Retirez le bœuf et réservez.

2. **Faire revenir les légumes :**

   - Dans la même casserole, ajoutez l'oignon et l'ail hachés. Faire revenir jusqu'à ce que l'oignon soit translucide et parfumé.

   - Ajoutez les champignons tranchés et continuez à faire sauter jusqu'à ce qu'ils libèrent leur humidité et commencent à dorer.

3. **Cuisson sous pression :**

- Remettez le bœuf dans la marmite. Ajouter le bouillon de bœuf et la sauce Worcestershire.

- Fixez le SmartLid et réglez le multicuiseur sur « Cuisson sous pression » à puissance élevée pendant 15 minutes.

4. **Préparez la sauce :**

- Une fois la cuisson sous pression terminée, effectuez délicatement un dégagement rapide pour libérer la vapeur.

- Dans un petit bol, mélangez la farine avec un peu de liquide de cuisson chaud pour créer une bouillie.

- Réglez à nouveau le multicuiseur sur « Saisir/Sauté ». Incorporer le mélange de farine et cuire jusqu'à ce que la sauce épaississe.

- Incorporer la crème sure et bien mélanger pour créer une sauce crémeuse. Ajustez l'assaisonnement avec du sel et du poivre si nécessaire.

5. **Servir:**

- Servir le bœuf stroganoff sur des nouilles aux œufs cuites.

- Garnir de persil fraîchement haché.

Portion

- Pour 4 personnes

Conseils

- **Trancher finement le bœuf :** Pour une meilleure texture, tranchez finement le bœuf contre le grain. Cela l'aide à cuire rapidement et à rester tendre.

- **Utilisez des champignons frais :** Les champignons frais ajoutent une saveur riche et terreuse au plat. N'hésitez pas à utiliser un mélange de différents champignons pour plus de complexité.

- **Épaississez correctement la sauce :** Assurez-vous de créer une pâte lisse avec la farine et le liquide de cuisson pour éviter les grumeaux dans votre sauce. Remuer continuellement tout en ajoutant la bouillie dans la casserole.

- **Ne faites pas trop cuire le bœuf :** Saisir brièvement le bœuf garantit qu'il reste tendre. Une cuisson excessive peut rendre la tâche difficile.

- **Ajustez la crème sure :** Si vous préférez une sauce plus piquante, vous pouvez ajouter plus de crème sure au goût. Si vous trouvez la sauce trop épaisse, vous pouvez la diluer avec un peu plus de bouillon de bœuf.

☐ Langoustines aux crevettes

Ingrédients

- 1 lb de grosses crevettes, décortiquées et déveinées

- 4 gousses d'ail, émincées

- 1/4 tasse d'huile d'olive

- 1/4 tasse de beurre non salé

- 1/2 tasse de vin blanc sec (ou bouillon de poulet)

- 1 citron, jus

- 1/4 tasse de persil frais, haché

- Sel et poivre au goût

- 1/4 cuillère à café de flocons de piment rouge (facultatif)

- 1/2 lb de linguines ou vos pâtes préférées, cuites selon les instructions sur l'emballage

Instructions de cuissons

1. **Préparez les crevettes :**

   - Assaisonnez les crevettes avec du sel, du poivre et des flocons de piment rouge si vous en utilisez.

2. **Faire revenir l'ail :**

   - Réglez le Ninja Combi Multicooker sur la fonction « Sear/Sauté » et faites chauffer l'huile d'olive à feu moyen.

   - Ajoutez l'ail émincé et faites revenir pendant 1 à 2 minutes jusqu'à ce qu'il soit parfumé, en prenant soin de ne pas le brûler.

3. **Cuire les crevettes :**

   - Ajoutez les crevettes dans la casserole et faites cuire 2-3 minutes de chaque côté jusqu'à ce qu'elles deviennent roses et soient à peine cuites. Retirez les crevettes de la marmite et réservez.

4. **Créez la sauce :**

- Dans la même casserole, ajoutez le beurre et laissez-le fondre.

- Versez le vin blanc (ou le bouillon de poulet) et le jus de citron et portez à ébullition. Laissez cuire environ 2-3 minutes pour réduire légèrement.

5. **Mélanger et servir :**

- Remettez les crevettes cuites dans la casserole et mélangez pour les enrober de sauce.

- Incorporer le persil frais.

- Ajoutez les pâtes cuites dans la casserole en mélangeant le tout jusqu'à ce que les pâtes soient bien enrobées de sauce.

6. **Servir:**

- Répartir les langoustines aux crevettes dans les assiettes et garnir de persil supplémentaire et d'un quartier de citron si désiré.

Portion

- Cette recette est pour 4 personnes.

Conseils

1. **Utilisez des ingrédients frais :** Les crevettes fraîches et l'ail font une différence significative dans la saveur de ce plat. Si possible, optez pour des crevettes fraîches plutôt que surgelées.

2. **Ajustez la chaleur :** Si vous aimez un peu de piquant, n'hésitez pas à augmenter la quantité de flocons de piment rouge.

3. **Pâtes parfaites :** Pour éviter que vos pâtes ne soient trop cuites, préparez-les juste avant de commencer les langoustines aux crevettes et mélangez-les immédiatement avec la sauce.

4. **Substitut de vin :** Si vous ne souhaitez pas utiliser de vin, le bouillon de poulet est un excellent substitut tout en ajoutant de la profondeur à la sauce.

5. **Ne faites pas trop cuire les crevettes :** Les crevettes cuisent très rapidement. Les crevettes trop cuites peuvent devenir caoutchouteuses, alors surveillez-les et retirez-les du feu dès qu'elles deviennent roses.

6. **Améliorez la sauce :** Pour une saveur plus riche, vous pouvez ajouter une cuillère à soupe de crème épaisse à la sauce pour une version crémeuse des langoustines aux crevettes.

▢ Épinards sautés à l'ail

Ingrédients:

- 1 lb de feuilles d'épinards fraîches, lavées et égouttées

- 4 gousses d'ail, tranchées finement

- 2 cuillères à soupe d'huile d'olive

- Sel et poivre au goût

- Une pincée de flocons de piment rouge (facultatif)

- 1 cuillère à soupe de jus de citron (facultatif)

Instructions de cuissons:

1. **Préparez le multicuiseur Ninja Combi :**

   - Réglez votre multicuiseur Ninja Combi sur la fonction « Saisir/Sauté » et sélectionnez feu moyen. Laissez-le préchauffer pendant quelques minutes.

2. **Faire revenir l'ail :**

   - Ajoutez l'huile d'olive dans la casserole. Une fois l'huile chaude, ajoutez l'ail émincé. Faire revenir l'ail jusqu'à ce qu'il devienne parfumé et légèrement doré, environ 1 à 2 minutes. Faites attention à ne pas brûler l'ail, car il peut devenir amer.

3. **Cuire les épinards :**

- Ajoutez les épinards dans la casserole par lots, si nécessaire, en les laissant flétrir légèrement avant d'en ajouter davantage. Remuer fréquemment pour assurer une cuisson uniforme.

- Continuez à faire sauter les épinards jusqu'à ce qu'ils soient complètement fanés et tendres, ce qui devrait prendre environ 3 à 5 minutes. Si vous en utilisez, ajoutez les flocons de piment rouge à mi-cuisson pour un soupçon de piquant.

4. **Saison et finition :**

- Assaisonnez les épinards avec du sel et du poivre au goût. Si vous le souhaitez, ajoutez un peu de jus de citron pour égayer les saveurs.

- Remuez bien pour vous assurer que tous les ingrédients sont répartis uniformément et que les épinards sont bien assaisonnés.

5. **Servir:**

- Transférer les épinards sautés dans un plat de service. Servir aussitôt chaud.

Portion:

- Cette recette en sert 4 en accompagnement.

Conseils:

- **Bien sécher les épinards :** Assurez-vous que les épinards sont bien égouttés et essuyés avant la cuisson. Un excès d'humidité peut faire cuire les épinards à la vapeur plutôt que les faire sauter.

- **Ajuster les assaisonnements :** N'hésitez pas à ajuster la quantité d'ail, de sel et de poivre à votre goût. Vous pouvez également expérimenter en ajoutant d'autres assaisonnements comme de la muscade ou un trait de sauce soja pour différents profils de saveur.

- **Utilisez des épinards frais :** Les épinards frais conviennent mieux à cette recette. Les bébés épinards sont particulièrement tendres et cuisent rapidement, mais les épinards ordinaires conviennent également.

- **Servir avec un filet de citron :** Ajouter un filet de jus de citron juste avant de servir peut rehausser les saveurs et ajouter une touche rafraîchissante au plat.

- **Évitez de trop cuire :** Les épinards cuisent très rapidement, alors surveillez-les pour éviter une cuisson excessive, qui peut conduire à une texture pâteuse.

☐ poulet Marsala

Ingrédients

- 4 poitrines de poulet désossées et sans peau

- 1 tasse de farine tout usage

- 1 cuillère à café de sel

- 1/2 cuillère à café de poivre noir

- 2 cuillères à soupe d'huile d'olive

- 2 cuillères à soupe de beurre

- 8 onces de champignons cremini ou de Paris, tranchés

- 1 échalote, hachée finement

- 2 gousses d'ail, hachées

- 3/4 tasse de vin Marsala

- 3/4 tasse de bouillon de poulet

- 1/2 tasse de crème épaisse (facultatif, pour une sauce plus riche)

- 1 cuillère à soupe de persil frais haché (pour la garniture)

Instructions de cuissons

1. **Préparez le poulet :**

   - Dans un plat peu profond, mélanger la farine, le sel et le poivre.

   - Draguez les poitrines de poulet dans le mélange de farine en secouant l'excédent.

2. **Saisir le poulet :**

   - Réglez votre multicuiseur Ninja Combi sur la fonction « Saisir/Sauté » et faites chauffer l'huile d'olive et le beurre jusqu'à ce qu'ils soient fondus et chauds.

   - Ajouter les poitrines de poulet et cuire 3 à 4 minutes de chaque côté, jusqu'à ce qu'elles soient dorées. Retirez le poulet de la marmite et réservez.

3. **Faire revenir les aromatiques :**

- Dans la même casserole, ajoutez les champignons et les échalotes. Faire sauter pendant 5 à 6 minutes jusqu'à ce que les champignons soient dorés et que les échalotes soient tendres.

- Ajouter l'ail et cuire encore 1 à 2 minutes, jusqu'à ce qu'il soit parfumé.

4. **Déglacer au vin Marsala :**

- Versez le vin Marsala dans la casserole en raclant les morceaux dorés du fond. Laissez mijoter 2-3 minutes pour réduire légèrement.

5. **Cuisson sous pression :**

- Remettez les poitrines de poulet dans la casserole et ajoutez le bouillon de poulet.

- Fermez le couvercle et réglez le multicuiseur sur « Cuisson sous pression » à puissance élevée pendant 10 minutes.

- Une fois le temps de cuisson terminé, effectuez un relâchement rapide de la pression.

6. **Terminer la sauce :**

- Ouvrez le couvercle et retirez les poitrines de poulet et réservez-les sur un plat de service.

- Remettez le multicuiseur sur « Saisir/Sauté » et incorporez la crème épaisse, si vous en utilisez. Laissez la sauce mijoter quelques minutes jusqu'à ce qu'elle épaississe jusqu'à la consistance désirée.

7. **Servir:**

- Versez la sauce Marsala aux champignons sur les poitrines de poulet.

- Garnir de persil fraîchement haché et servir aussitôt.

Portion

- Pour 4 personnes

Conseils

- **Choisissez le bon vin :** Utilisez un vin Marsala de bonne qualité pour une meilleure saveur. Le Marsala sec est généralement préféré pour ce plat.

- **Épaissir la sauce :** Si vous préférez une sauce plus épaisse, mélangez une cuillère à soupe de fécule de maïs avec un peu d'eau et incorporez-la à la sauce pendant qu'elle mijote.

- **Suggestions d'association :** Servez votre poulet marsala avec des pâtes, de la purée de pommes de terre ou des légumes cuits à la vapeur pour compléter le repas.

- **Le réchauffement:** Pour réchauffer les restes, réchauffez-les doucement dans le multicuiseur à l'aide de la fonction « Saisir/Sauté », en ajoutant un peu de bouillon de poulet si la sauce a trop épaissi.

⬛ Légumes sautés épicés

Ingrédients

- 4 poitrines de poulet désossées et sans peau

- 1 tasse de farine tout usage

- 1 cuillère à café de sel

- 1/2 cuillère à café de poivre noir

- 2 cuillères à soupe d'huile d'olive

- 2 cuillères à soupe de beurre

- 8 onces de champignons cremini ou de Paris, tranchés

- 1 échalote, hachée finement

- 2 gousses d'ail, hachées

- 3/4 tasse de vin Marsala

- 3/4 tasse de bouillon de poulet

- 1/2 tasse de crème épaisse (facultatif, pour une sauce plus riche)

- 1 cuillère à soupe de persil frais haché (pour la garniture)

Instructions de cuissons

1. **Préparez le poulet :**

   - Dans un plat peu profond, mélanger la farine, le sel et le poivre.

   - Draguez les poitrines de poulet dans le mélange de farine en secouant l'excédent.

2. **Saisir le poulet :**

   - Réglez votre multicuiseur Ninja Combi sur la fonction « Saisir/Sauté » et faites chauffer l'huile d'olive et le beurre jusqu'à ce qu'ils soient fondus et chauds.

   - Ajouter les poitrines de poulet et cuire 3 à 4 minutes de chaque côté, jusqu'à ce qu'elles soient dorées. Retirez le poulet de la marmite et réservez.

3. **Faire revenir les aromatiques :**

   - Dans la même casserole, ajoutez les champignons et les échalotes. Faire sauter pendant 5 à 6 minutes jusqu'à ce que les champignons soient dorés et que les échalotes soient tendres.

- Ajouter l'ail et cuire encore 1 à 2 minutes, jusqu'à ce qu'il soit parfumé.

4. **Déglacer au vin Marsala :**

   - Versez le vin Marsala dans la casserole en raclant les morceaux dorés du fond. Laissez mijoter 2-3 minutes pour réduire légèrement.

5. **Cuisson sous pression :**

   - Remettez les poitrines de poulet dans la casserole et ajoutez le bouillon de poulet.

   - Fermez le couvercle et réglez le multicuiseur sur « Cuisson sous pression » à puissance élevée pendant 10 minutes.

   - Une fois le temps de cuisson terminé, effectuez un relâchement rapide de la pression.

6. **Terminer la sauce :**

   - Ouvrez le couvercle et retirez les poitrines de poulet et réservez-les sur un plat de service.

   - Remettez le multicuiseur sur « Saisir/Sauté » et incorporez la crème épaisse, si vous en utilisez.

Laissez la sauce mijoter quelques minutes jusqu'à ce qu'elle épaississe jusqu'à la consistance désirée.

7. **Servir:**

   - Versez la sauce Marsala aux champignons sur les poitrines de poulet.

   - Garnir de persil fraîchement haché et servir immédiatement.

Portion

- Pour 4 personnes

Conseils

- **Choisissez le bon vin :** Utilisez un vin Marsala de bonne qualité pour une meilleure saveur. Le Marsala sec est généralement préféré pour ce plat.

- **Épaissir la sauce :** Si vous préférez une sauce plus épaisse, mélangez une cuillère à soupe de fécule de maïs avec un peu d'eau et incorporez-la à la sauce pendant qu'elle mijote.

- **Suggestions d'association :** Servez votre poulet marsala avec des pâtes, de la purée de pommes de terre ou des légumes cuits à la vapeur pour compléter le repas.

- **Le réchauffement:** Pour réchauffer les restes, réchauffez-les doucement dans le multicuiseur à l'aide de la fonction « Saisir/Sauté », en ajoutant un peu de bouillon de poulet si la sauce a trop épaissi.

Vapeur

☐ Raviolis à la vapeur

Ingrédients

Pour la pâte à raviolis :

- 2 tasses de farine tout usage

- 3/4 tasse d'eau tiède

- Pincée de sel

Pour le remplissage:

- 1/2 lb de porc haché (ou poulet, bœuf ou tofu pour une option végétarienne)

- 1/2 tasse de chou finement haché

- 1/4 tasse d'oignons verts finement hachés

- 1 cuillère à soupe de sauce soja

- 1 cuillère à soupe d'huile de sésame

- 1 gousse d'ail, hachée

- 1 cuillère à café de gingembre râpé

- Sel et poivre au goût

Pour la trempette :

- 1/4 tasse de sauce soja

- 1 cuillère à soupe de vinaigre de riz

- 1 cuillère à café d'huile de sésame

- 1 cuillère à café d'huile de piment (facultatif)

- 1 cuillère à café d'oignons verts finement hachés (facultatif)

Instructions de cuissons

1. Préparez la pâte :

1. Dans un grand bol à mélanger, mélanger la farine et le sel. Ajoutez progressivement l'eau tiède en mélangeant jusqu'à ce qu'une pâte se forme.

2. Pétrir la pâte sur une surface farinée pendant environ 5 minutes jusqu'à ce qu'elle devienne lisse et élastique.

3. Couvrir la pâte d'un linge humide et laisser reposer au moins 30 minutes.

2. Préparez la garniture :

1. Dans un bol à mélanger, mélanger le porc haché, le chou, les oignons verts, la sauce soja, l'huile de sésame, l'ail, le gingembre, le sel et le poivre. Mélanger jusqu'à ce que le tout soit bien mélangé.

3. Assemblez les raviolis :

1. Divisez la pâte en petits morceaux de taille égale (environ la taille d'une noix).

2. Roulez chaque morceau en un mince cercle d'environ 3 pouces de diamètre.

3. Placez une cuillère à café de farce au centre de chaque cercle.

4. Pliez la pâte sur la garniture pour créer une forme de demi-lune. Appuyez sur les bords ensemble pour sceller, en plissant les bords si vous le souhaitez pour une finition décorative.

4. Faites cuire les raviolis à la vapeur :

1. Ajoutez 2 tasses d'eau dans la cuve intérieure du Ninja Combi Multicooker.

2. Placez la grille de cuisson à la vapeur à l'intérieur de la marmite.

3. Disposez les raviolis sur la grille de cuisson vapeur en veillant à ce qu'ils ne se touchent pas.

4. Fermez le couvercle et réglez le Ninja Combi Multicooker sur la fonction « Vapeur ». Faites cuire les raviolis à la vapeur pendant environ 10 à 12 minutes ou jusqu'à ce que la pâte devienne translucide et que la garniture soit bien cuite.

5. Préparez la trempette :

1. Dans un petit bol, mélanger la sauce soja, le vinaigre de riz, l'huile de sésame et l'huile de piment. Incorporer les oignons verts si vous en utilisez.

Portion

- Cette recette donne environ 20 à 24 boulettes, pour 4 à 6 personnes en entrée ou 2 à 4 personnes en plat principal.

Conseils

- **Consistance de la pâte :** Assurez-vous que votre pâte est lisse et élastique. S'il est trop sec, ajoutez un peu plus d'eau ; si c'est trop collant, ajoutez un peu plus de farine.

- **Sceller les raviolis :** Assurez-vous de bien sceller les boulettes pour éviter que la garniture ne s'échappe pendant la cuisson à la vapeur. Vous pouvez utiliser un peu d'eau pour humidifier les bords avant de sceller.

- **Emplacement de la grille de cuisson à la vapeur :** Assurez-vous que les raviolis ne se touchent pas sur la grille de cuisson vapeur pour permettre une cuisson homogène et éviter qu'ils ne collent entre eux.

- **Vérification de la cuisson :** Les raviolis sont cuits lorsque la pâte devient translucide et que la garniture est entièrement cuite. Si vous n'êtes pas sûr, vous pouvez en ouvrir un pour vérifier.

- **Variantes :** N'hésitez pas à expérimenter différentes garnitures, comme des crevettes, des légumes ou une combinaison de protéines et de légumes selon vos goûts.

- **Prenez de l'avance :** Les raviolis peuvent être préparés à l'avance et congelés. Congelez-les sur une plaque à pâtisserie en une seule couche avant de les transférer dans un sac de congélation. Cuire à la vapeur directement du surgelé, en ajoutant quelques minutes supplémentaires au temps de cuisson.

☐ Brocoli cuit à la vapeur au citron

Ingrédients:

- 1 grosse tête de brocoli, coupée en fleurons

- 1 citron, zesté et pressé

- 2 cuillères à soupe d'huile d'olive

- Sel et poivre au goût

- 2 gousses d'ail, hachées (facultatif)

- Persil frais haché (pour la garniture)

Instructions de cuissons:

1. **Préparez le brocoli :**

   o Lavez soigneusement le brocoli et coupez-le en fleurons de taille égale. Cela garantit qu'ils cuisent uniformément.

2. **Configurer le multicuiseur Ninja Combi :**

   o Ajoutez environ 1 tasse d'eau dans la cuve intérieure de votre multicuiseur Ninja Combi.

o Placez le panier ou la grille du cuiseur vapeur à l'intérieur de la casserole, en vous assurant qu'il se trouve au-dessus du niveau de l'eau.

3. **Cuire le brocoli à la vapeur :**

o Placez les fleurons de brocoli dans le panier vapeur.

o Fermez le SmartLid et sélectionnez la fonction « Steam ». Réglez la minuterie sur 5 minutes.

o Commencez le processus de cuisson et laissez le brocoli cuire à la vapeur jusqu'à ce qu'il soit tendre mais toujours d'un vert éclatant.

4. **Préparez la vinaigrette au citron :**

o Pendant que le brocoli cuit à la vapeur, fouettez ensemble le jus de citron, le zeste de citron, l'huile d'olive et l'ail émincé (le cas échéant) dans un petit bol. Assaisonnez avec du sel et du poivre selon votre goût.

5. **Mélanger et servir :**

o Une fois le cycle de cuisson vapeur terminé, ouvrez délicatement le couvercle et retirez le panier vapeur.

- Transférer le brocoli cuit à la vapeur dans un bol de service et arroser de vinaigrette au citron.

- Remuer délicatement pour enrober uniformément le brocoli de vinaigrette.

- Garnir de persil frais haché pour une touche supplémentaire de saveur et de couleur.

Portion:

- Pour 4 personnes en accompagnement

Conseils:

- **Même la cuisine :** Assurez-vous que les fleurons de brocoli sont coupés à des tailles similaires pour une cuisson à la vapeur uniforme. Les morceaux plus gros peuvent prendre plus de temps à cuire, tandis que les plus petits peuvent devenir pâteux.

- **Amélioration de la saveur :** Pour rehausser encore plus la saveur, saupoudrez un peu de parmesan râpé sur le brocoli juste avant de servir.

- **Préférence de texture :** Si vous préférez que vos brocolis soient légèrement plus croquants, réduisez le temps de cuisson à la vapeur d'une minute ou deux. A l'inverse, si vous l'aimez plus moelleux, ajoutez une minute ou deux au temps de cuisson.

- **Variantes :** Expérimentez avec différents assaisonnements dans la vinaigrette au citron. L'ajout d'une pincée de flocons de piment rouge peut donner un léger piquant au plat, ou utiliser du vinaigre balsamique pour une saveur piquante différente.

- **Rétention des nutriments :** La cuisson à la vapeur est un excellent moyen de conserver les nutriments du brocoli plutôt que de la faire bouillir. Faites attention à ne pas trop cuire à la vapeur, car cela peut entraîner une perte de nutriments et une texture pâteuse.

Saumon cuit à la vapeur à l'aneth

Ingrédients:

- 4 filets de saumon (environ 6 onces chacun)

- 1 citron, tranché finement

- 2 cuillères à soupe d'aneth frais, haché

- 1 cuillère à soupe d'huile d'olive

- Sel et poivre au goût

- 1 tasse d'eau

- Branches d'aneth frais et quartiers de citron pour la garniture (facultatif)

Instructions de cuissons:

1. **Préparez le saumon :**

   o Séchez les filets de saumon avec du papier absorbant.

   o Versez un filet d'huile d'olive sur les filets de saumon et frottez-les pour bien les enrober.

   o Assaisonner chaque filet de sel et de poivre au goût.

o Saupoudrer uniformément l'aneth haché sur les filets.

o Déposez quelques tranches de citron sur chaque filet.

2. **Configurer le multicuiseur :**

o Versez 1 tasse d'eau dans la casserole Ninja Combi Multicooker.

o Placez la grille du cuiseur vapeur à l'intérieur de la casserole.

3. **Cuire le saumon à la vapeur :**

o Disposez les filets de saumon sur la grille du cuiseur vapeur en une seule couche, en veillant à ce qu'ils ne se chevauchent pas.

o Fermez le SmartLid et sélectionnez la fonction « Vapeur ».

o Réglez le temps sur 10 minutes pour un saumon tendre et parfaitement cuit. Si les filets sont plus épais, vous devrez peut-être ajouter 2 à 3 minutes supplémentaires.

o Démarrez le processus de cuisson.

4. **Terminer et servir :**

   o Une fois le temps de cuisson terminé, ouvrez délicatement le couvercle et vérifiez que le saumon est opaque et se défasse facilement à la fourchette.

   o À l'aide d'une pince ou d'une spatule, retirez délicatement les filets de saumon de la grille du cuiseur vapeur et disposez-les sur les assiettes de service.

   o Garnir de brins d'aneth frais et de quartiers de citron, si désiré.

Portion:

- Pour 4 personnes

Conseils:

- **Choisissez du saumon frais :** Optez pour du saumon frais et de haute qualité pour une saveur et une texture optimales. Le saumon sauvage a tendance à avoir une saveur plus riche que le saumon d'élevage.

- **Ne pas trop cuire :** Attention à ne pas trop cuire le saumon, car il pourrait devenir sec. Le processus de cuisson à la vapeur devrait donner des filets moelleux et tendres.

- **Variations de saveurs :** Pour un profil de saveur différent, vous pouvez remplacer l'aneth par d'autres herbes fraîches comme le persil, la coriandre ou le basilic.

- **Vérifier la cuisson :** Si vous avez un thermomètre à viande, la température interne du saumon doit atteindre 145 °F (63 °C) pour une consommation sécuritaire.

- **Servir avec des accompagnements :** Associez le saumon cuit à la vapeur avec un accompagnement de légumes cuits à la vapeur, une salade fraîche ou du quinoa pour un repas complet.

- **Les restes:** S'il vous reste des restes, conservez le saumon dans un récipient hermétique au réfrigérateur jusqu'à deux jours. Réchauffez-le doucement au micro-ondes ou dégustez-le froid dans une salade.

⬜ Riz gluant cuit à la vapeur

Ingrédients:

- 2 tasses de riz gluant (riz gluant)

- 2 1/2 tasses d'eau

- Pincée de sel

Instructions de cuissons:

1. **Rincer le riz :** Placer le riz gluant dans un grand bol et couvrir d'eau. Rincez le riz en le remuant doucement avec vos mains, puis égouttez l'eau. Répétez ce processus 2 à 3 fois jusqu'à ce que l'eau soit claire.

2. **Faire tremper le riz :** Après le rinçage, ajoutez suffisamment d'eau pour couvrir le riz et laissez-le tremper pendant au moins 2 heures, ou toute la nuit pour de meilleurs résultats. Cette étape est cruciale pour obtenir la texture collante souhaitée.

3. **Vidange et transfert :** Égouttez le riz trempé et transférez-le dans le panier vapeur de votre multicuiseur Ninja Combi. Ajoutez 2 1/2 tasses d'eau dans la cuve intérieure du multicuiseur, puis placez le panier vapeur à l'intérieur.

4. **Cuire le riz à la vapeur :** Fermez le couvercle et réglez votre multicuiseur sur la fonction « Vapeur ». Faites cuire le riz à la vapeur pendant 20 à 25 minutes ou jusqu'à ce qu'il soit tendre et translucide. Assurez-vous que le couvercle est bien fermé pour retenir la vapeur.

5. **Vérifiez la cuisson :** Ouvrez délicatement le couvercle et vérifiez la cuisson du riz. Les grains doivent être tendres mais conserver leur forme. Si nécessaire, faites cuire à la vapeur pendant 5 minutes supplémentaires.

6. **Remplissez et servez :** Une fois le riz cuit, retirez délicatement le panier vapeur du multicuiseur. Utilisez une spatule à riz ou une fourchette pour gonfler doucement le riz. Servir le riz gluant chaud.

Portion:

- Pour 4 à 6 personnes en accompagnement.

Conseils:

- **Utilisez le bon riz :** Assurez-vous d'utiliser du riz gluant, car les variétés de riz ordinaires ne donneront pas la même texture collante.

- **Trempage adéquat :** Ne sautez pas l'étape de trempage. Le trempage permet au riz d'absorber l'eau et de se dilater, ce qui est essentiel pour obtenir une texture parfaite.

- **Évitez la surpopulation :** Ne surchargez pas le panier vapeur. Si vous préparez une plus grande quantité, faites cuire le riz à la vapeur par lots pour assurer une cuisson uniforme.

- **Servir frais :** Le riz gluant est mieux servi immédiatement après la cuisson à la vapeur. Si vous avez besoin de réchauffer, saupoudrez un peu d'eau sur le riz et faites-le cuire à la vapeur à nouveau brièvement pour lui redonner sa texture.

- **Suggestions d'association :** Le riz gluant cuit à la vapeur se marie bien avec les plats salés comme les viandes grillées, les légumes sautés ou les sauces épicées. Il peut également être utilisé pour réaliser des desserts asiatiques traditionnels.

☐ Poulet et légumes cuits à la vapeur

Ingrédients:

- **4 poitrines de poulet désossées et sans peau**

- **1 tasse de fleurons de brocoli**

- **1 tasse de tranches de carottes**

- **1 tasse de pois mange-tout**

- **1 poivron rouge, tranché**

- **2 gousses d'ail, hachées**

- **1 cuillère à café de gingembre frais, râpé**

- **2 cuillères à soupe de sauce soja**

- **1 cuillère à soupe d'huile d'olive**

- **1 cuillère à café d'huile de sésame**

- **Sel et poivre au goût**

- **Quartiers de citron pour servir**

- **Persil frais ou coriandre pour la garniture**

Instructions de cuissons:

1. **Faire mariner le poulet :**

   - Dans un bol, mélanger l'ail émincé, le gingembre râpé, la sauce soja, l'huile d'olive, l'huile de sésame, le sel et le poivre. Bien mélanger.

   - Ajoutez les poitrines de poulet à la marinade en vous assurant qu'elles sont bien enrobées. Laissez-les mariner pendant au moins 30 minutes, ou jusqu'à 2 heures au réfrigérateur pour une saveur plus intense.

2. **Préparez les légumes :**

   o Pendant que le poulet marine, préparez les légumes. Coupez le brocoli en petits bouquets, tranchez les carottes, les pois mange-tout et le poivron.

3. **Configurer le multicuiseur Ninja Combi :**

   o Versez 1 tasse d'eau dans le fond du Ninja Combi Multicooker.

   o Placez la grille de cuisson à la vapeur à l'intérieur de la casserole, en vous assurant qu'elle se trouve au-dessus du niveau de l'eau.

4. **Cuire le poulet et les légumes à la vapeur :**

   o Disposez les poitrines de poulet marinées sur la grille vapeur.

   o Ajoutez les légumes préparés autour du poulet en les répartissant uniformément.

   o Fermez le couvercle et réglez le multicuiseur sur la fonction « Vapeur ».

   o Cuire à la vapeur pendant 15 à 20 minutes ou jusqu'à ce que le poulet soit bien cuit (la

température interne doit atteindre 165 °F ou 74 °C)
et que les légumes soient tendres.

5. **Servir:**

   o Retirez délicatement le poulet et les légumes du
   multicuiseur.

   o Disposez-les sur un plat de service en garnissant de
   persil frais ou de coriandre et de quartiers de citron.

Portion:

- Pour 4 personnes

Conseils:

- **Même en tranches :** Assurez-vous que tous les légumes
  sont coupés en tranches de tailles similaires pour favoriser
  une cuisson uniforme.

- **Temps de marinade :** Pour de meilleurs résultats, laissez
  le poulet mariner pendant au moins 30 minutes. Si vous
  manquez de temps, une marinade rapide de 15 minutes
  donnera quand même une bonne saveur.

- **Surveiller le niveau d'eau :** Assurez-vous qu'il y a
  suffisamment d'eau au fond du multicuiseur pour créer de

la vapeur tout au long du processus de cuisson. Si nécessaire, ajoutez plus d'eau.

- **Variations de saveurs :** Personnalisez la marinade en ajoutant vos herbes ou épices préférées. Une touche de miel ou de cassonade peut ajouter une subtile douceur au plat.

- **Vérifier la cuisson :** Utilisez un thermomètre à viande pour vous assurer que le poulet a atteint la température interne sécuritaire de 165 °F (74 °C).

- **Options de légumes :** N'hésitez pas à remplacer ou à ajouter d'autres légumes comme des courgettes, du chou-fleur ou des asperges, en fonction de vos préférences et de vos disponibilités.

Cuire

☐ Pain aux bananes classique

Ingrédients:

- 3 bananes mûres, écrasées

- 1/3 tasse de beurre fondu

- 3/4 tasse de sucre granulé

- 1 gros oeuf, battu

- 1 cuillère à café d'extrait de vanille

- 1 cuillère à café de bicarbonate de soude

- Une pincée de sel

- 1 1/2 tasse de farine tout usage

- 1/2 cuillère à café de cannelle (facultatif)

- 1/2 tasse de noix hachées ou de pépites de chocolat (facultatif)

Instructions de cuissons:

1. **Préparez le multicuiseur :**

- Sélectionnez la fonction « Cuisson » sur votre multicuiseur Ninja Combi. Préchauffer le multicuiseur à 350°F (175°C).

2. **Mélanger les ingrédients humides :**

- Dans un grand bol, écraser les bananes mûres avec une fourchette jusqu'à consistance lisse.

- Incorporer le beurre fondu jusqu'à ce que le tout soit bien mélangé.

- Ajouter le sucre, l'œuf battu et l'extrait de vanille et mélanger jusqu'à consistance lisse.

3. **Mélangez les ingrédients secs :**

- Dans un autre bol, mélanger le bicarbonate de soude, le sel et la farine tout usage. Si vous en utilisez, ajoutez la cannelle pour une touche épicée.

- Ajoutez progressivement les ingrédients secs aux ingrédients humides, en remuant jusqu'à ce que tout soit bien mélangé. Attention à ne pas trop mélanger, car cela pourrait rendre le pain dense.

- o Si vous le souhaitez, incorporez les noix hachées ou les pépites de chocolat pour plus de saveur et de texture.

4. **Préparez le plat de cuisson :**

- o Beurrez un plat allant au four qui rentre dans votre multicuiseur. Versez la pâte dans le moule préparé en l'étalant uniformément.

5. **Cuire le pain :**

- o Placez la casserole dans le multicuiseur préchauffé.

- o Fermez le couvercle et réglez la minuterie sur 60 minutes. Vérifiez la cuisson en insérant un cure-dent au centre du pain; il doit ressortir propre ou avec quelques miettes humides.

- o Si nécessaire, faites cuire encore 5 à 10 minutes, en vérifiant fréquemment.

6. **Refroidir et servir :**

- o Une fois terminé, retirez délicatement la poêle du multicuiseur et laissez le pain refroidir dans la poêle pendant environ 10 minutes.

- o Transférez le pain aux bananes sur une grille pour qu'il refroidisse complètement avant de le trancher et de le servir.

Portion:

- Cette recette donne environ 8 portions.

Conseils:

- **Bananes mûres:** Plus les bananes sont mûres, plus votre pain sera sucré et savoureux. Recherchez les bananes avec des taches brunes pour de meilleurs résultats.

- **Mélanges :** Personnalisez votre pain aux bananes en ajoutant vos mélanges préférés tels que des noix, des pépites de chocolat ou des fruits secs.

- **Stockage:** Conservez le pain aux bananes dans un contenant hermétique à température ambiante jusqu'à 3 jours ou au réfrigérateur jusqu'à une semaine. Vous pouvez également le congeler pour une conservation plus longue.

- **Le réchauffement:** Pour déguster votre pain aux bananes chaud, réchauffez les tranches au micro-ondes pendant environ 15 à 20 secondes.

- **Options plus saines :** Remplacez une partie de la farine tout usage par de la farine de blé entier pour ajouter des fibres, ou réduisez la quantité de sucre si vous préférez un pain moins sucré.

☐ Gâteaux avec des pépites de chocolat

Ingrédients:

- 1 tasse de beurre non salé, ramolli

- 3/4 tasse de sucre granulé

- 3/4 tasse de cassonade, tassée

- 2 gros œufs

- 2 cuillères à café d'extrait de vanille

- 2 1/4 tasses de farine tout usage

- 1 cuillère à café de bicarbonate de soude

- 1/2 cuillère à café de levure chimique

- 1/2 cuillère à café de sel

- 2 tasses de pépites de chocolat mi-sucré

Instructions de cuissons:

1. **Préparez la pâte :**

- o Dans un grand bol à mélanger, battre ensemble le beurre ramolli, le sucre cristallisé et la cassonade jusqu'à consistance légère et mousseuse.

- o Ajoutez les œufs un à un en battant bien après chaque ajout, puis incorporez l'extrait de vanille.

- o Dans un autre bol, mélanger la farine, le bicarbonate de soude, la levure chimique et le sel.

- o Ajoutez progressivement les ingrédients secs au mélange humide, en mélangeant jusqu'à ce que tout soit bien combiné.

- o Incorporez les pépites de chocolat avec une spatule ou une cuillère en bois.

2. **Préchauffer et cuire au four :**

- o Préchauffez votre multicuiseur Ninja Combi en utilisant la fonction Cuisson à 350°F (175°C).

- o Tapisser le panier à légumes ou la plaque à pâtisserie de papier sulfurisé.

- o Déposez des cuillères à soupe arrondies de pâte sur le plateau préparé, en les espaçant d'environ 2 pouces.

- o Placez le plateau dans le Ninja Combi Multicooker et faites cuire au four pendant 10 à 12 minutes, ou jusqu'à ce que les bords soient dorés mais que le centre soit encore mou.

3. **Refroidir et servir :**

   - o Retirez les biscuits du multicuiseur et laissez-les refroidir sur la plaque pendant quelques minutes avant de les transférer sur une grille pour qu'ils refroidissent complètement.

Portion:

- Donne environ 24 biscuits.

Conseils:

1. **Beurre ramolli:** Assurez-vous que votre beurre est à température ambiante pour un crémage facile avec les sucres, ce qui permet de créer une pâte légère et aérée.

2. **Refroidissez la pâte :** Pour des biscuits plus épais et plus moelleux, refroidissez la pâte pendant au moins 30 minutes avant la cuisson. Cela permet d'éviter que les cookies ne se propagent trop.

3. **Mélanges :** N'hésitez pas à personnaliser vos cookies en ajoutant à la pâte des noix, des fruits secs ou différents types de pépites de chocolat.

4. **Taille uniforme :** Utilisez une cuillère à biscuits pour vous assurer que tous vos cookies ont la même taille, ce qui les aide à cuire uniformément.

5. **Vérifiez la cuisson :** N'oubliez pas que les cookies continuent de cuire sur la plaque après les avoir retirés du four. Sortez-les lorsque les bords sont dorés mais que le centre est encore mou pour une texture parfaite.

☐ Muffins à la myrtille

Ingrédients

- **1 1/2 tasse de farine tout usage**

- **1/2 tasse de sucre granulé**

- **1/4 tasse de cassonade**

- **2 cuillères à café de levure chimique**

- **1/2 cuillère à café de sel**

- 1/3 tasse d'huile végétale

- 1 œuf large

- 1/3 tasse de lait

- 1 cuillère à café d'extrait de vanille

- 1 tasse de bleuets frais ou surgelés

- 1 cuillère à soupe de farine (pour enrober les myrtilles)

- **Facultatif:** 1/4 tasse de sucre turbinado pour saupoudrer le dessus

Instructions de cuissons

1. **Préparez les ingrédients :**

    o Dans un grand bol, mélanger la farine, le sucre cristallisé, la cassonade, la levure chimique et le sel.

    o Dans un autre bol, mélanger l'huile végétale, l'œuf, le lait et l'extrait de vanille. Mélanger jusqu'à ce que le tout soit bien mélangé.

    o Mélangez délicatement les myrtilles avec 1 cuillère à soupe de farine pour les enrober. Cela permet d'éviter qu'ils ne coulent au fond des muffins pendant la cuisson.

2. **Mélangez la pâte :**

   o Versez les ingrédients humides dans les ingrédients secs et remuez jusqu'à ce que tout soit bien combiné. Attention à ne pas trop mélanger, car cela pourrait donner des muffins denses.

   o Incorporez délicatement les myrtilles à la pâte.

3. **Préparez le multicuiseur :**

   o Préchauffez votre multicuiseur Ninja Combi en sélectionnant la fonction « Cuisson » et en réglant la température à 350°F. Laissez-le préchauffer pendant environ 5 minutes.

   o Graisser légèrement un moule à muffins en silicone ou le tapisser de moules à muffins en papier. Remplissez chaque tasse environ aux 2/3 de pâte.

   o Si vous en utilisez, saupoudrez de sucre turbinado sur chaque muffin pour une garniture croustillante et sucrée.

4. **Cuire les muffins :**

   o Placez le moule à muffins dans le multicuiseur. Fermez le couvercle et faites cuire au four pendant

20 à 25 minutes, ou jusqu'à ce qu'un cure-dent inséré au centre d'un muffin en ressorte propre.

o Retirez délicatement le plateau à muffins du multicuiseur et laissez les muffins refroidir dans le plateau pendant environ 5 minutes avant de les transférer sur une grille pour qu'ils refroidissent complètement.

Portion

- Cette recette donne environ 12 muffins de taille standard.

Conseils

- **Bleuets frais ou surgelés :** Les myrtilles fraîches et surgelées fonctionnent bien dans cette recette. Si vous utilisez des myrtilles surgelées, ne les décongelez pas avant de les ajouter à la pâte pour éviter que les muffins ne bleuissent.

- **Évitez de trop mélanger :** Mélangez la pâte jusqu'à ce qu'elle soit juste combinée pour obtenir des muffins légers et moelleux. Un mélange excessif peut rendre les muffins denses et durs.

- **Stockage:** Conservez les muffins dans un contenant hermétique à température ambiante jusqu'à 3 jours ou congelez-les jusqu'à 3 mois. Pour réchauffer, réchauffez-les simplement au four ou au micro-ondes.

- **Variantes :** N'hésitez pas à ajouter une cuillère à café de zeste de citron à la pâte pour une touche d'agrumes, ou remplacez les myrtilles par vos baies ou pépites de chocolat préférées.

☐ Gâteau au citron

Ingrédients:

- 1 1/2 tasse de farine tout usage

- 1 1/2 cuillères à café de levure chimique

- 1/4 cuillère à café de sel

- 1/2 tasse de beurre non salé, ramolli

- 3/4 tasse de sucre granulé

- 2 gros œufs

- 1 cuillère à café d'extrait de vanille

- 1/2 tasse de lait

- Zeste de 2 citrons

- Jus d'1 citron

Pour le filet de citron :

- 1/4 tasse de sucre granulé

- Jus d'1 citron

Instructions de cuissons:

1. **Préparez le multicuiseur :**

   o Préchauffez votre multicuiseur Ninja Combi sur la fonction Cuisson à 350°F (175°C) pendant 5 minutes.

2. **Préparez la pâte :**

   o Dans un bol moyen, mélanger la farine, la levure chimique et le sel. Mettre de côté.

   o Dans un grand bol à mélanger, battre le beurre ramolli et le sucre jusqu'à consistance légère et mousseuse.

   o Battez les œufs un à la fois, en vous assurant que chacun est complètement incorporé avant d'ajouter le suivant.

- o Incorporer l'extrait de vanille, le zeste de citron et le jus de citron.

- o Ajouter progressivement le mélange de farine aux ingrédients humides, en alternant avec le lait, en commençant et en terminant par le mélange de farine. Mélanger jusqu'à ce que tout soit bien combiné.

3. **Cuire le gâteau:**

- o Graissez un plat allant au four adapté à votre multicuiseur Ninja Combi.

- o Versez la pâte dans le moule préparé et lissez le dessus avec une spatule.

- o Placez le moule dans le multicuiseur et faites cuire au four pendant 25 à 30 minutes, ou jusqu'à ce qu'un cure-dent inséré au centre en ressorte propre.

4. **Préparez le filet de citron :**

- o Pendant que le gâteau cuit, mélangez le jus de citron et le sucre semoule dans un petit bol jusqu'à ce que le sucre se dissolve.

5. **Terminer le gâteau :**

- Une fois le gâteau cuit, retirez-le du multicuiseur et laissez-le refroidir dans le moule pendant environ 10 minutes.

- Pendant que le gâteau est encore chaud, piquez le dessus avec une fourchette ou une brochette.

- Versez uniformément le filet de citron sur le gâteau, en le laissant pénétrer.

6. **Refroidir et servir :**

- Laissez le gâteau refroidir complètement dans le moule avant de le retirer.

- Trancher et servir.

Portion:

- Cette recette en sert 8.

Conseils:

- **Zester des citrons :** Utilisez une microplane ou une râpe fine pour zester les citrons, en évitant la peau blanche et amère.

- **Ingrédients à température ambiante :** Assurez-vous que le beurre et les œufs sont à température ambiante pour une meilleure incorporation dans la pâte.

- **Poêle à frire:** Si vous n'avez pas de plat de cuisson adapté à votre multicuiseur Ninja Combi, pensez à utiliser un moule de cuisson en silicone qui peut être facilement ajusté.

- **Test de cuisson :** Les temps de cuisson peuvent varier légèrement en fonction de votre modèle spécifique et de la taille du moule utilisé. Vérifiez la cuisson quelques minutes avant la fin du temps de cuisson suggéré.

- **Stockage:** Conservez les restes de gâteau dans un contenant hermétique à température ambiante jusqu'à 3 jours ou au réfrigérateur jusqu'à une semaine.

⬜ Tarte Aux Pommes Rustique

Ingrédients:

- **Pour la pâte:**

    - 1 1/2 tasse de farine tout usage

    - 1/2 tasse de beurre non salé, réfrigéré et coupé en cubes

    - 1/4 tasse de sucre granulé

    - 1/4 cuillère à café de sel

    - 3-4 cuillères à soupe d'eau glacée

- **Pour le remplissage:**

    - 4 à 5 pommes moyennes (Granny Smith ou Honeycrisp), pelées, évidées et tranchées finement

    - 1/4 tasse de sucre granulé

    - 2 cuillères à soupe de cassonade

    - 1 cuillère à café de cannelle moulue

    - 1/4 cuillère à café de muscade moulue

- o 1 cuillère à soupe de jus de citron

- o 1 cuillère à soupe de farine tout usage

- **Pour le glaçage:**

  - o 2 cuillères à soupe de confiture d'abricots

  - o 1 cuillère à soupe d'eau

Instructions de cuissons:

1. **Préparez la croûte :**

   - o Dans un grand bol, mélanger la farine, le sucre et le sel.

   - o Ajoutez les cubes de beurre refroidis et utilisez un emporte-pièce ou vos doigts pour couper le beurre dans la farine jusqu'à ce que le mélange ressemble à de grosses miettes.

   - o Ajoutez progressivement l'eau glacée, une cuillère à soupe à la fois, en mélangeant jusqu'à ce que la pâte se rassemble.

   - o Former un disque avec la pâte, l'envelopper dans une pellicule plastique et réfrigérer au moins 30 minutes.

2. **Préparez la garniture :**

   o Dans un grand bol, mélanger les tranches de pommes, le sucre cristallisé, la cassonade, la cannelle, la muscade, le jus de citron et la farine. Remuer pour enrober uniformément les pommes.

3. **Assemblez la tarte :**

   o Préchauffez votre multicuiseur Ninja Combi sur la fonction cuisson.

   o Sur une surface légèrement farinée, étalez la pâte en un cercle grossier de 12 pouces. Transférez la pâte sur un morceau de papier sulfurisé.

   o Disposez les tranches de pomme au centre de la pâte, en laissant une bordure de 2 pouces sur les bords.

   o Replier les bords de la pâte sur les pommes, en plissant si nécessaire pour former un bord rustique.

4. **Cuire la tarte :**

   o Transférez délicatement le papier sulfurisé avec la tarte sur la plaque à pâtisserie de votre Ninja Combi Multicuiseur.

- o Cuire au four à 375 °F (190 °C) pendant 40 à 45 minutes, ou jusqu'à ce que la croûte soit dorée et que les pommes soient tendres.

5. **Glaçage de la tarte :**

- o Pendant que la tarte cuit, faites chauffer la confiture d'abricots et l'eau dans une petite casserole à feu doux jusqu'à ce qu'elle soit fondue et lisse.

- o Badigeonnez les pommes et la croûte du glaçage tiède immédiatement après avoir sorti la tarte du four.

Portion:

- Pour 6 à 8 personnes.

Conseils:

- **Utiliser du beurre froid :** S'assurer que le beurre est froid contribue à créer une croûte feuilletée. Si la pâte devient trop chaude pendant le travail, réfrigérez-la quelques minutes avant de continuer.

- **Variétés de pommes :** N'hésitez pas à mélanger différents types de pommes pour un profil aromatique plus complexe.

- **Prévenir les fonds détrempés :** Saupoudrez un peu de farine ou de chapelure sur la pâte avant d'ajouter les pommes pour aider à absorber l'excès de jus.

- **Prenez de l'avance :** La pâte peut être préparée un jour à l'avance et conservée au réfrigérateur. La tarte peut également être assemblée quelques heures à l'avance et conservée au réfrigérateur jusqu'au moment de la cuisson.

- **Servir chaud :** Cette tarte se déguste de préférence tiède, éventuellement accompagnée d'une boule de glace vanille ou d'une cuillerée de chantilly.

Griller

⬜ Toast à l'avocat

Ingrédients:

- 2 avocats mûrs

- 4 tranches de pain complet ou au levain

- 1 cuillère à soupe de jus de citron

- Sel et poivre au goût

- 2 cuillères à soupe d'huile d'olive

- Garnitures facultatives : tomates cerises, radis, flocons de piment rouge, œufs pochés, micropousses, fromage feta

Instructions de cuissons:

1. **Préparez les avocats :**

   o Coupez les avocats en deux, retirez le noyau et versez la chair dans un bol.

   o Ajoutez du jus de citron, du sel et du poivre au goût. Écrasez avec une fourchette jusqu'à obtenir la consistance désirée : lisse ou épaisse.

2. **Faire griller le pain :**

   o Sélectionnez la fonction « Toast » sur votre multicuiseur Ninja Combi.

   o Badigeonner légèrement les tranches de pain d'huile d'olive des deux côtés.

   o Placez les tranches de pain dans le multicuiseur et faites-les griller pendant 3 à 5 minutes, ou jusqu'à ce qu'elles soient dorées et croustillantes.

3. **Assemblez le pain grillé à l'avocat :**

   o Répartir uniformément la purée d'avocat sur les tranches de pain grillées.

   o Ajoutez des garnitures facultatives pour rehausser la saveur et la présentation. Les choix populaires incluent des tomates cerises tranchées, des radis tranchés finement, une pincée de flocons de piment rouge, des œufs pochés, des micropousses ou du fromage feta émietté.

Portion:

- Cette recette donne 4 portions, parfaites pour un petit-déjeuner nutritif ou une collation légère.

Conseils :

- **Choisissez des avocats mûrs :** Pour une texture et une saveur optimales, utilisez des avocats mûrs qui cèdent légèrement à une légère pression.

- **Personnalisez votre mélange d'avocats :** Essayez d'ajouter d'autres ingrédients à votre purée d'avocat, comme de l'ail, de la coriandre ou une pincée de cumin pour plus de saveur.

- **Œufs parfaitement pochés :** Si vous aimez les œufs pochés sur vos toasts à l'avocat, utilisez la fonction « Vapeur » de votre multicuiseur Ninja Combi. Remplissez la casserole d'eau, portez à ébullition, cassez un œuf dans un petit bol et glissez-le délicatement dans l'eau frémissante. Cuire 3 à 4 minutes jusqu'à ce que les blancs soient pris mais que le jaune soit encore coulant.

- **La texture compte :** Pour plus de croquant, saupoudrez vos toasts de graines grillées, de noix ou d'un filet de glaçage balsamique.

- **Faites-en un repas :** Pour transformer votre toast à l'avocat en un repas plus copieux, ajoutez des garnitures riches en protéines comme du saumon fumé, du poulet grillé ou des haricots.

☐ Pain à l'ail

Ingrédients:

- 1 miche de pain français ou pain italien

- 1/2 tasse de beurre non salé, ramolli

- 4 gousses d'ail, émincées

- 2 cuillères à soupe de persil frais, finement haché

- 1/4 cuillère à café de sel

- 1/4 cuillère à café de poivre noir

- 1/4 tasse de parmesan râpé (facultatif)

- 1 cuillère à café d'origan ou de basilic séché (facultatif)

Instructions de cuissons:

1. **Préparez le pain :**

   o Préchauffez votre multicuiseur Ninja Combi sur la fonction « Toast ».

   o Coupez la miche de pain en deux dans le sens de la longueur, créant ainsi deux longs morceaux.

2. **Préparez le beurre à l'ail :**

   o Dans un bol moyen, mélanger le beurre ramolli, l'ail émincé, le persil haché, le sel et le poivre noir. Bien mélanger jusqu'à ce que tous les ingrédients soient bien incorporés.

3. **Étaler le beurre:**

   o Étalez uniformément le mélange de beurre à l'ail sur les côtés coupés du pain. Assurez-vous que le beurre couvre toute la surface pour un maximum de saveur. Si vous le souhaitez, saupoudrez le dessus de parmesan râpé et d'origan ou de basilic séché.

4. **Faire griller le pain :**

   o Placez les moitiés de pain dans le multicuiseur Ninja Combi. Faire griller à 350°F pendant environ 8 à 10 minutes, ou jusqu'à ce que les bords soient dorés et que le beurre ait fondu dans le pain.

   o Si vous préférez une texture plus croustillante, vous pouvez utiliser la fonction « Air Fry » pendant 2-3 minutes supplémentaires à 375°F.

5. **Servir:**

- Retirez le pain à l'ail du multicuiseur et laissez-le refroidir légèrement. Coupez-le en morceaux individuels et servez chaud.

Portion:

- Cette recette donne environ 8 à 10 portions, selon la taille du pain et l'épaisseur du pain.

Conseils:

1. **Personnalisation :** N'hésitez pas à personnaliser le beurre à l'ail avec vos herbes et épices préférées. Le basilic frais, le thym ou le romarin peuvent ajouter une touche unique au pain à l'ail traditionnel.

2. **Délice au fromage :** Pour une gâterie encore plus gourmande, ajoutez un mélange de mozzarella râpée et de fromage cheddar sur le beurre à l'ail avant de griller. Cela créera un pain à l'ail délicieusement gluant et au fromage.

3. **Stockage:** Les restes de pain à l'ail peuvent être conservés dans un contenant hermétique à température ambiante jusqu'à 2 jours. Pour le réchauffer, remettez-le simplement dans le multicuiseur sur la fonction « Toast » pendant quelques minutes jusqu'à ce qu'il soit bien chaud.

4. **Accord parfait :** Le pain à l'ail se marie à merveille avec une variété de plats, comme les pâtes, les soupes et les salades. C'est également un excellent apéritif pour n'importe quel repas.

5. **Consistance du beurre :** Assurez-vous que le beurre est ramolli mais pas fondu. Cela permet une répartition plus facile et garantit que l'ail et les herbes sont répartis uniformément.

⬜ Bruschetta aux tomates et basilic

Ingrédients:

- 1 baguette, coupée en tranches de 1/2 pouce d'épaisseur

- 2 tasses de tomates cerises, coupées en dés

- 1/4 tasse de feuilles de basilic frais, hachées

- 2 gousses d'ail, hachées

- 1/4 tasse d'huile d'olive extra vierge

- 1 cuillère à soupe de vinaigre balsamique

- Sel et poivre au goût

- 1/4 tasse de parmesan râpé (facultatif)

Instructions de cuissons:

1. **Préparez la garniture aux tomates :**

   o Dans un bol moyen, mélanger les tomates cerises coupées en dés, l'ail émincé et le basilic haché.

   o Ajoutez l'huile d'olive et le vinaigre balsamique dans le bol. Bien mélanger jusqu'à ce que tous les ingrédients soient uniformément enrobés.

   o Assaisonnez avec du sel et du poivre selon votre goût. Réservez pour que les saveurs se mélangent pendant que vous préparez le pain.

2. **Griller les tranches de baguette :**

   o Préchauffez votre multicuiseur Ninja Combi sur la fonction « Toast ».

   o Disposez les tranches de baguette en une seule couche dans le panier à légumes ou sur la grille de cuisson.

   o Faire griller les tranches de pain pendant environ 4 à 5 minutes ou jusqu'à ce qu'elles soient dorées et croustillantes. Vous devrez peut-être le faire par lots en fonction de la taille de votre multicuiseur.

3. **Assemblez la Bruschetta :**

   o Une fois le pain grillé, retirez-le du multicuiseur et placez-le sur un plat de service.

   o Verser généreusement le mélange de tomates sur chaque tranche de baguette grillée.

   o Si vous le souhaitez, saupoudrez de parmesan râpé sur le dessus pour une couche de saveur supplémentaire.

4. **Servir:**

   o Servir immédiatement pendant que le pain est encore chaud et que la garniture est fraîche.

Portion:

- Cette recette sert environ 6 à 8 personnes en entrée, avec environ 2 à 3 tranches par personne.

Conseils:

- **Choisissez des tomates mûres :** La qualité de votre bruschetta dépend de la fraîcheur et de la maturité de vos tomates. Les tomates cerises sont idéales pour leur saveur sucrée et piquante, mais vous pouvez également utiliser des tomates Roma ou anciennes si vous préférez.

- **Feuilles de basilic:** Les feuilles de basilic frais offrent une saveur vibrante et aromatique. Déchirez les feuilles à la main plutôt que de les couper avec un couteau pour éviter les meurtrissures et préserver leurs huiles naturelles.

- **Ail:** Pour une saveur d'ail plus subtile, vous pouvez frotter une gousse d'ail entière sur le pain grillé avant d'ajouter le mélange de tomates.

- **Sélection de pain :** Une baguette croustillante convient mieux à la bruschetta, mais vous pouvez également utiliser une ciabatta ou un pain italien rustique.

- **Prenez de l'avance :** Vous pouvez préparer la garniture aux tomates quelques heures à l'avance et la conserver au réfrigérateur. Faites griller le pain juste avant de servir pour qu'il reste croustillant.

- **Variation:** Ajoutez un filet de glaçage balsamique sur la bruschetta pour une finition douce et piquante.

⬜ Pain grillé au sucre et à la cannelle

Ingrédients:

- 4 tranches de pain (au choix : blanc, blé entier ou artisanal)

- 4 cuillères à soupe de beurre non salé, ramolli

- 2 cuillères à soupe de sucre cristallisé

- 1 cuillère à café de cannelle moulue

Instructions de cuissons:

1. **Préparez le mélange sucre-cannelle :** Dans un petit bol, mélanger le sucre cristallisé et la cannelle moulue jusqu'à ce que le tout soit bien mélangé.

2. **Beurrer le pain :** Répartir uniformément le beurre ramolli sur un côté de chaque tranche de pain. Assurez-vous de couvrir toute la surface pour une saveur riche et beurrée.

3. **Ajoutez le sucre à la cannelle :** Saupoudrer généreusement le mélange sucre-cannelle sur le côté beurré de chaque tranche. Utilisez le dos d'une cuillère pour l'étaler uniformément si nécessaire.

4. **Toasts dans le multicuiseur Ninja Combi :**

   o Placez les tranches de pain préparées dans le panier à légumes ou sur la grille à l'intérieur de votre Ninja Combi Multicooker.

- Fermez le couvercle et réglez l'appareil sur la fonction « Toast ».

- Faire griller pendant 3 à 5 minutes ou jusqu'à ce que le pain soit doré et que le sucre à la cannelle soit caramélisé.

5. **Servir:** Retirez les toasts du multicuiseur à l'aide d'une pince ou d'une spatule. Laissez-le refroidir légèrement avant de servir.

Portion:

- Pour 2 personnes (2 tranches chacune)

Conseils:

- **Sélection de pain :** Choisissez votre type de pain préféré pour cette recette. Des tranches épaisses de pain artisanal ou de brioche conviennent exceptionnellement bien pour une gâterie plus décadente.

- **Distribution uniforme du beurre :** Assurez-vous que le beurre est ramolli pour faciliter l'étalement. Une répartition uniforme du beurre aide le sucre à la cannelle à mieux adhérer et crée une couche caramélisée uniforme.

- **Ajuster la douceur :** N'hésitez pas à ajuster la quantité de sucre selon vos goûts. Pour une option moins sucrée, réduisez le sucre à 1 cuillère à soupe.

- **Ajoutez une touche :** Pour plus de saveur, pensez à ajouter une pincée de muscade ou un peu d'extrait de vanille au mélange sucre-cannelle.

- **À surveiller de près :** Gardez un œil sur les toasts pendant qu'ils sont dans le multicuiseur pour éviter qu'ils ne brûlent. Le sucre peut caraméliser rapidement, alors retirez le pain grillé dès qu'il atteint le niveau de cuisson souhaité.

- **Garnitures facultatives :** Pour plus de texture et de saveur, garnissez votre pain grillé au sucre et à la cannelle de tranches de banane, de baies ou d'un filet de miel après le grillage.

☐ Toasts au fromage et aux jalapeños

Ingrédients:

- 4 tranches de pain croustillant (le levain ou la ciabatta fonctionnent bien)

- 1 tasse de fromage cheddar râpé

- 1/2 tasse de fromage mozzarella râpé

- 2 jalapeños frais, tranchés finement

- 2 cuillères à soupe de beurre ramolli

- 1 cuillère à café de poudre d'ail

- Sel et poivre au goût

- Coriandre fraîche, hachée (facultatif, pour la garniture)

Instructions de cuissons:

1. **Préparez le pain :**

   o Préchauffez votre multicuiseur Ninja Combi sur la fonction « Toast » à feu moyen-vif.

   o Pendant que le multicuiseur préchauffe, étalez une fine couche de beurre ramolli sur un côté de chaque tranche de pain. Saupoudrer uniformément la poudre d'ail sur le côté beurré pour plus de saveur.

2. **Assemblez le pain grillé :**

- o Placez le côté beurré des tranches de pain face vers le bas sur une planche à découper ou une plaque à pâtisserie.

- o Saupoudrer une couche uniforme de fromage cheddar et mozzarella sur chaque tranche de pain.

- o Disposez les jalapeños tranchés finement sur le fromage. Ajustez le nombre de tranches de jalapeño en fonction de vos préférences en matière d'épices.

3. **Faire griller le pain :**

- o Placez délicatement les tranches de pain assemblées dans le multicuiseur préchauffé, côté beurré vers le bas.

- o Faire griller pendant 5 à 7 minutes, ou jusqu'à ce que le fromage soit complètement fondu et bouillonnant et que le pain soit doré et croustillant.

4. **Servir:**

- o Une fois les toasts prêts, retirez-les délicatement du multicuiseur à l'aide d'une spatule.

- o Eventuellement, garnissez de coriandre fraîchement hachée pour un éclat de fraîcheur et de couleur.

- o Servir aussitôt chaud et déguster !

Portion:

- Cette recette donne 4 portions, chaque portion étant composée d'une tranche de pain grillé au fromage et aux jalapeños.

Conseils:

- **Ajustement du niveau d'épices :** Si vous préférez un pain grillé plus doux, retirez les graines des jalapeños avant de les trancher. Pour plus de chaleur, laissez les graines ou ajoutez plus de tranches de jalapeño.

- **Variantes de fromage :** N'hésitez pas à expérimenter différents types de fromages. Le pepper jack, le gouda ou même le fromage bleu peuvent ajouter des saveurs uniques au pain grillé.

- **Ajout de protéines :** Pour une collation plus consistante, ajoutez de fines tranches de bacon cuit ou de dinde de charcuterie sous le fromage avant de le griller.

- **Grillage parfait :** Gardez un œil sur les toasts pendant qu'ils sont dans le multicuiseur pour vous assurer qu'ils ne brûlent pas. Les temps de cuisson peuvent varier en fonction de l'épaisseur du pain et des réglages spécifiques de votre multicuiseur.

- **Suggestions de présentation :** Le pain grillé au fromage et aux jalapeños se marie bien avec un accompagnement de salsa, de crème sure ou de guacamole pour tremper.

Pizza

☐ Pizza Marguerite

Ingrédients

- **Pour la pâte :**

  - o 2 1/4 tasses de farine tout usage

  - o 1 cuillère à café de sel

  - o 1 cuillère à café de sucre

  - o 1 sachet (2 1/4 cuillères à café) de levure sèche active

  - o 3/4 tasse d'eau tiède (110°F)

  - o 1 cuillère à soupe d'huile d'olive

- **Pour les garnitures :**

  - o 1/2 tasse de sauce à pizza (faite maison ou du commerce)

  - o 8 onces de mozzarella fraîche, tranchée

  - o 1/4 tasse de feuilles de basilic frais

- o 1 cuillère à soupe d'huile d'olive

- o Sel et poivre au goût

- o Semoule de maïs ou farine pour saupoudrer

Instructions de cuissons

1. **Préparez la pâte :**

   - o Dans un petit bol, mélanger l'eau tiède, le sucre et la levure. Remuer doucement et laisser reposer 5 à 10 minutes jusqu'à ce que le mélange soit mousseux.

   - o Dans un grand bol, mélanger la farine et le sel. Faites un puits au centre et versez-y le mélange de levure et l'huile d'olive.

   - o Mélanger jusqu'à formation d'une pâte, puis pétrir sur une surface farinée pendant environ 5 à 7 minutes jusqu'à ce qu'elle soit lisse et élastique.

   - o Placez la pâte dans un bol légèrement huilé, couvrez d'un linge humide et laissez-la lever dans un endroit chaud pendant environ 1 heure ou jusqu'à ce qu'elle double de volume.

2. **Préchauffer le multicuiseur :**

- Préchauffez votre multicuiseur Ninja Combi au réglage « Cuisson » à 450 °F. Si votre multicuiseur dispose d'une fonction pizza, utilisez ce paramètre.

3. **Préparez la pizza :**

- Abaissez la pâte levée et divisez-la en deux parties égales si vous préférez des pizzas plus petites. Abaissez la pâte sur un plan fariné jusqu'à obtenir l'épaisscur souhaitée.

- Saupoudrez une légère couche de semoule de maïs ou de farine sur la pierre à pizza ou le bac à légumes de votre multicuiseur. Cela empêche de coller et aide à créer une croûte croustillante.

- Transférez la pâte étalée sur la surface préparée. Étalez uniformément la sauce à pizza sur la pâte, en laissant une petite bordure pour la croûte.

- Disposez uniformément les tranches de mozzarella sur la sauce et assaisonnez avec un peu de sel et de poivre.

4. **Cuire la pizza :**

- Placez délicatement la pizza dans le multicuiseur préchauffé. Cuire au four pendant 12 à 15 minutes ou jusqu'à ce que la croûte soit dorée et que le fromage bouillonne et légèrement doré.

- ○ Si vous utilisez la fonction de friture à l'air pour une finition plus croustillante, passez à la friture à l'air pendant les 2-3 dernières minutes de cuisson.

5. **Ajouter du basilic frais :**

- ○ Une fois la pizza cuite à la perfection, retirez-la du multicuiseur et parsemez immédiatement de feuilles de basilic frais sur le dessus. Arroser d'huile d'olive pour plus de saveur.

6. **Servir:**

- ○ Laissez la pizza refroidir légèrement avant de la trancher. Cette recette donne une grande pizza pour 2 à 4 personnes selon l'appétit.

Conseils

- • **Préchauffer correctement :** Assurez-vous que votre multicuiseur est complètement préchauffé pour obtenir une croûte croustillante.

- • **Utilisez des ingrédients frais :** La mozzarella fraîche et le basilic font une différence significative en termes de saveur.

214

- **Étalez finement :** Pour une pizza Margherita traditionnelle, étalez la pâte finement pour une croûte plus croustillante. Si vous préférez une croûte plus épaisse, ajustez le temps de cuisson en conséquence.

- **Surveillez la cuisson :** Gardez un œil sur votre pizza pendant les dernières minutes pour éviter qu'elle ne brunisse trop.

- **Expérimentez avec la sauce :** Essayez de préparer votre propre sauce à pizza avec des tomates concassées, de l'ail, de l'huile d'olive et du sel pour un goût encore plus frais.

☐ Pizza au poulet barbecue

Ingrédients

- **Pour la pâte :**

  - 2 1/4 cuillères à café de levure sèche active

  - 1 tasse d'eau tiède

  - 2 1/2 tasses de farine tout usage

  - 1 cuillère à soupe d'huile d'olive

- o 1 cuillère à café de sucre

- o 1 cuillère à café de sel

- **Pour les garnitures :**

  - o 1 tasse de poitrine de poulet cuite, râpée

  - o 1/2 tasse de sauce barbecue (plus un peu pour arroser)

  - o 1 1/2 tasse de fromage mozzarella râpé

  - o 1/2 oignon rouge, tranché finement

  - o 1/4 tasse de coriandre fraîche, hachée

  - o 1 cuillère à soupe d'huile d'olive (pour badigeonner la croûte)

Instructions de cuissons

1. **Préparez la pâte :**

   - o Dans un petit bol, dissoudre la levure et le sucre dans l'eau tiède. Laissez reposer environ 5 minutes jusqu'à ce qu'il devienne mousseux.

- Dans un grand bol à mélanger, mélanger la farine et le sel. Faites un puits au centre et ajoutez le mélange de levure et l'huile d'olive.

- Mélanger jusqu'à ce qu'une pâte se forme. Pétrir la pâte sur une surface farinée pendant environ 5 à 7 minutes jusqu'à ce qu'elle devienne lisse et élastique.

- Placez la pâte dans un bol légèrement huilé, couvrez d'un linge humide et laissez-la lever dans un endroit chaud pendant environ 1 heure, ou jusqu'à ce qu'elle double de volume.

2. **Préparez le poulet :**

- Pendant que la pâte lève, mélanger le poulet cuit avec 1/4 tasse de sauce BBQ jusqu'à ce qu'il soit bien enrobé. Mettre de côté.

3. **Préchauffez le multicuiseur Ninja Combi :**

- Réglez votre multicuiseur Ninja Combi sur la fonction « Cuisson » et préchauffez-le à 425°F (220°C).

4. **Assemblez la pizza :**

- Une fois la pâte levée, abaissez-la et étalez-la sur une surface farinée pour l'adapter à la taille de la plaque à pâtisserie de votre Ninja Combi Multicooker.

- Transférez la pâte étalée sur la plaque à pâtisserie. Badigeonner les bords de la croûte d'huile d'olive.

- Étalez une fine couche de sauce BBQ sur le fond de pâte.

- Saupoudrer la moitié du fromage mozzarella râpé sur la sauce barbecue.

- Répartir uniformément le poulet BBQ sur le fromage.

- Garnir de tranches d'oignon rouge et du reste de fromage mozzarella.

5. **Cuire la pizza :**

- Placez la plaque à pâtisserie dans le multicuiseur Ninja Combi préchauffé.

- Cuire au four environ 12 à 15 minutes, ou jusqu'à ce que la croûte soit dorée et que le fromage soit fondu et bouillonnant.

6. **Servir:**

   o Sortez la pizza du four et laissez-la refroidir légèrement.

   o Arroser de sauce BBQ supplémentaire et saupoudrer de coriandre fraîche.

   o Trancher et servir chaud.

Portion

- Cette recette donne 4 portions.

Conseils

- **Précuire le poulet :** Pour de meilleurs résultats, utilisez du poulet précuit ou des restes de poulet. Vous pouvez également cuire rapidement des poitrines de poulet dans votre multicuiseur Ninja Combi en utilisant la fonction « Saisir/Sauté » avant de les râper et de les mélanger avec la sauce barbecue.

- **Personnalisez vos garnitures :** N'hésitez pas à ajouter d'autres garnitures comme des poivrons, du maïs sucré ou même de l'ananas pour une touche sucrée-salée.

- **Utilisez une pierre à pizza :** Si vous disposez d'une pierre à pizza adaptée à votre multicuiseur Ninja Combi, utilisez-la pour obtenir une croûte encore plus croustillante.

- **Croûte plus croustillante :** Pour une croûte encore plus croustillante, vous pouvez précuire la pâte pendant 5 minutes avant d'ajouter les garnitures.

- **Stockage:** Les restes de pizza peuvent être conservés dans un contenant hermétique au réfrigérateur jusqu'à 3 jours. Réchauffez dans le multicuiseur Ninja Combi en utilisant la fonction « Air Fry » pendant quelques minutes pour redonner du croustillant.

☐ Pizza des amateurs de légumes

Ingrédients:

- **Pâte à pizza:**

  - 1 pâte à pizza du commerce ou pâte maison

- **Sauce à Pizza:**

  - 1/2 tasse de sauce tomate

- o 1 cuillère à café d'origan séché

- o 1 cuillère à café de basilic séché

- o 1/2 cuillère à café de poudre d'ail

- o Sel et poivre au goût

- **Garnitures :**

  - o 1 tasse de fromage mozzarella râpé

  - o 1/2 tasse de poivrons tranchés (rouges, jaunes ou verts)

  - o 1/2 tasse de champignons tranchés

  - o 1/4 tasse d'olives noires tranchées

  - o 1/4 tasse d'oignon rouge haché

  - o 1/2 tasse de pousses d'épinards

  - o 1/2 tasse de tomates cerises, coupées en deux

  - o 1/4 tasse de fromage feta émietté (facultatif)

  - o Feuilles de basilic frais (pour la décoration)

- **Huile d'olive:** Pour badigeonner la croûte

Instructions de cuissons:

1. **Préparez la pâte :**

   o Si vous utilisez de la pâte du commerce, suivez les instructions sur l'emballage pour la décongélation et la préparation.

   o Sur une surface légèrement farinée, étalez la pâte à pizza selon l'épaisseur et la forme souhaitées.

2. **Préchauffez le multicuiseur Ninja Combi :**

   o Réglez le Ninja Combi Multicooker sur la fonction « Pizza » et préchauffez selon les instructions de l'appareil.

3. **Préparez la sauce :**

   o Dans un petit bol, mélangez la sauce tomate avec l'origan séché, le basilic séché, la poudre d'ail, le sel et le poivre.

4. **Assemblez la pizza :**

   o Placez la pâte étalée sur une pierre à pizza ou une plaque à pâtisserie adaptée à votre multicuiseur.

   o Étalez uniformément la sauce tomate sur la pâte en laissant un petit bord pour la croûte.

- o Saupoudrer le fromage mozzarella râpé sur la sauce.

- o Disposez uniformément les poivrons, les champignons, les olives noires, l'oignon rouge, les feuilles d'épinards et les tomates cerises sur le fromage.

- o Si vous le souhaitez, saupoudrez de fromage feta émietté.

- o Badigeonner la croûte d'une légère couche d'huile d'olive.

5. **Cuire la pizza :**

- o Placez délicatement la pizza assemblée dans le multicuiseur Ninja Combi préchauffé.

- o Fermez le couvercle et réglez la minuterie selon les directives de la fonction « Pizza », généralement environ 10 à 15 minutes, ou jusqu'à ce que la croûte soit dorée et que le fromage soit fondu et bouillonnant.

6. **Servir:**

- o Une fois cuite, retirez délicatement la pizza du multicuiseur.

- o   Garnir de feuilles de basilic frais avant de trancher.

- o   Servir chaud.

Portion:

- Donne 4 à 6 portions, selon la taille des tranches.

Conseils:

- **Conseils pour la pâte :** Si vous préparez une pâte maison, laissez-la lever correctement pour obtenir une croûte légère et aérée. Vous pouvez également expérimenter des options de pâte au blé entier ou sans gluten.

- **Variantes de fromage :** N'hésitez pas à mélanger différents types de fromages comme le cheddar, le provolone ou une pincée de parmesan pour plus de saveur.

- **Croûte croustillante :** Pour une croûte encore plus croustillante, précuisez la pâte quelques minutes avant d'ajouter la sauce et les garnitures.

- **Garnitures :** Faites preuve de créativité avec vos garnitures végétariennes. Pensez à ajouter des cœurs d'artichauts, des tranches de courgettes ou de l'ail rôti pour plus de saveur.

- **Les restes:** Conservez les restes au réfrigérateur. Réchauffez dans le multicuiseur Ninja Combi en utilisant la fonction « Réchauffer » pour une croûte croustillante.

⬜ Pizza au pepperoni et aux saucisses

Ingrédients:

- **Pâte à pizza:**

  - 1 livre de pâte à pizza du commerce ou maison

- **Sauce:**

  - 1 tasse de sauce à pizza

- **Garnitures :**

  - 1 tasse de fromage mozzarella râpé

  - 1/2 tasse de pepperoni tranché

  - 1/2 tasse de saucisses italiennes cuites, émiettées

  - 1/4 tasse de parmesan râpé

  - 1/2 cuillère à café d'origan séché

  - 1/2 cuillère à café de basilic séché

  - 1/4 cuillère à café de flocons de piment rouge broyés (facultatif)

  - Feuilles de basilic frais pour la garniture (facultatif)

- **Huile d'olive:**

  - o 1 cuillère à soupe pour badigeonner la croûte

Instructions de cuissons:

1. **Préchauffer le multicuiseur :**

   - o Réglez votre multicuiseur Ninja Combi sur la fonction « Cuisson » à 450 °F et laissez-le préchauffer.

2. **Préparez la pâte :**

   - o Sur une surface légèrement farinée, étalez la pâte à pizza pour l'adapter à la taille du plat de cuisson ou du panier à légumes de votre multicuiseur.

   - o Badigeonnez légèrement les bords de la pâte d'huile d'olive pour assurer une croûte dorée et croustillante.

3. **Assemblez la pizza :**

   - o Étalez uniformément la sauce à pizza sur la pâte étalée, en laissant une petite bordure sur les bords pour la croûte.

   - o Saupoudrer le fromage mozzarella râpé sur la sauce.

- Répartissez uniformément les tranches de pepperoni et les saucisses émiettées sur le fromage.

- Garnir de parmesan râpé, d'origan séché et de basilic séché. Ajoutez des flocons de piment rouge broyés si vous préférez un peu de piquant.

4. **Cuire la pizza :**

- Transférez délicatement la pizza assemblée dans le multicuiseur Ninja Combi préchauffé.

- Fermez le couvercle et réglez la minuterie sur 12 à 15 minutes, en fonction du croustillant de votre croûte et du degré de fusion et de bouillonnement du fromage.

5. **Vérifier et terminer :**

- Vérifiez la pizza au bout de 10 minutes pour vous assurer qu'elle cuit uniformément. Faites pivoter si nécessaire.

- Une fois que la croûte est dorée et que le fromage est fondu et bouillonnant, retirez délicatement la pizza du multicuiseur.

6. **Servir:**

- o Laissez la pizza refroidir quelques minutes avant de la trancher.

- o Garnir de feuilles de basilic frais si désiré.

Portion:

- Pour 4 personnes

Conseils:

- **Manipulation de la pâte :** Si vous utilisez de la pâte du commerce, laissez-la reposer à température ambiante pendant environ 30 minutes avant de l'étaler. Cela facilite la manipulation et l'étirement.

- **Saucisse cuite :** Assurez-vous que la saucisse est complètement cuite avant de l'ajouter à la pizza. Cela garantit qu'il est sécuritaire de manger et réduit l'excès de graisse.

- **Croûte plus croustillante :** Pour une croûte très croustillante, précuisez la pâte quelques minutes avant d'ajouter la sauce et les garnitures.

- **Variété:** N'hésitez pas à personnaliser votre pizza avec des garnitures supplémentaires comme des poivrons, des oignons, des champignons ou des olives.

- **Stockage:** Les restes de pizza peuvent être conservés au réfrigérateur jusqu'à 3 jours. Réchauffez les tranches dans le multicuiseur en utilisant la fonction « Air Fry » pendant quelques minutes pour redonner du croustillant.

☐ Pizza aux quatre fromages

Ingrédients:

- **Pâte à pizza:**

    o 1 lb de pâte à pizza (du commerce ou maison)

- **Sauce:**

    o 1/2 tasse de sauce tomate

    o 1 gousse d'ail, hachée

    o 1/2 cuillère à café d'origan séché

    o 1/2 cuillère à café de basilic séché

    o Sel et poivre au goût

- **Les fromages:**

    o 1 tasse de fromage mozzarella râpé

    o 1/2 tasse de parmesan râpé

    o 1/2 tasse de fromage provolone râpé

    o 1/4 tasse de fromage bleu émietté

- **Garnitures supplémentaires (facultatif) :**

- o Feuilles de basilic frais pour la décoration

- o Flocons de piment rouge pour une touche épicée

- o Huile d'olive pour arroser

Instructions de cuissons:

1. **Préparez la pâte :**

   - o Si vous utilisez de la pâte à pizza du commerce, laissez-la revenir à température ambiante. Si vous préparez de la pâte maison, suivez votre recette préférée et laissez-la lever jusqu'à ce qu'elle double de volume.

2. **Préchauffez le multicuiseur Ninja Combi :**

   - o Réglez votre multicuiseur Ninja Combi sur la fonction « Pizza » et préchauffez selon les instructions de l'appareil.

3. **Préparez la sauce :**

   - o Dans un petit bol, mélanger la sauce tomate, l'ail émincé, l'origan séché, le basilic séché, le sel et le poivre. Mélangez bien et mettez de côté.

4. **Assemblez la pizza :**

- Sur une surface légèrement farinée, étalez la pâte à pizza selon l'épaisseur souhaitée. Transférez la pâte étalée sur un morceau de papier sulfurisé pour une manipulation facile.

- Étalez uniformément la sauce tomate sur la pâte en laissant une petite bordure sur les bords.

- Saupoudrer uniformément le fromage mozzarella râpé sur la sauce, suivi du parmesan râpé, du provolone râpé et du fromage bleu émietté.

5. **Cuire la pizza :**

- Transférez délicatement la pizza assemblée (avec le papier sulfurisé) dans le multicuiseur Ninja Combi préchauffé.

- Fermez le couvercle et faites cuire en utilisant la fonction « Pizza » pendant 10 à 12 minutes, ou jusqu'à ce que la croûte soit dorée et que les fromages soient fondus et bouillonnants.

6. **Servir:**

- Une fois cuite, retirez délicatement la pizza du multicuiseur à l'aide d'une spatule.

o Garnir de feuilles de basilic frais et d'un filet d'huile d'olive, si désiré. Couper en tranches et servir immédiatement.

Portion:

- Pour 4 personnes

Conseils:

- **Croûte parfaite :** Pour une croûte plus croustillante, précuisez la pâte pendant 2-3 minutes avant d'ajouter la sauce et les garnitures. Cela aide à fixer la croûte et à l'empêcher de devenir détrempée.

- **Variantes de fromage :** N'hésitez pas à expérimenter différentes combinaisons de fromages. Le fromage de chèvre, la fontina ou le gouda peuvent être d'excellents ajouts ou substituts.

- **Herbes fraîches:** L'ajout d'herbes fraîches comme le basilic ou l'origan après la cuisson peut rehausser la saveur et ajouter une touche de fraîcheur.

- **Les restes:** Conservez les restes de pizza dans un contenant hermétique au réfrigérateur. Réchauffez les tranches dans le multicuiseur Ninja Combi en utilisant la fonction « Air Fry

» pendant quelques minutes pour conserver la texture croustillante.

- **Manipulation de la pâte :** Si la pâte est trop collante à manipuler, farinez légèrement vos mains et la surface. Si c'est trop dur, laissez reposer encore quelques minutes pour détendre le gluten.

Cuisson lente

☐ Rôti de bœuf

Ingrédients

- 3 lb de rôti de paleron de bœuf

- 2 cuillères à soupe d'huile d'olive

- 1 gros oignon, haché

- 3 gousses d'ail, émincées

- 4 carottes pelées et coupées en gros morceaux

- 3 pommes de terre pelées et coupées en gros morceaux

- 2 tasses de bouillon de boeuf

- 1 tasse de vin rouge (facultatif)

- 2 cuillères à soupe de concentré de tomate

- 2 cuillères à soupe de sauce Worcestershire

- 1 cuillère à café de thym séché

- 1 cuillère à café de romarin séché

- **2 feuilles de laurier**

- **Sel et poivre au goût**

- **Persil frais haché (pour la garniture)**

Instructions de cuissons

1. **Préparez les ingrédients :**

   o Assaisonner généreusement le rôti de paleron de bœuf avec du sel et du poivre.

   o Préparez les légumes en hachant l'oignon, en épluchant et en coupant les carottes, puis en épluchant et en coupant les pommes de terre en gros morceaux.

2. **Saisir la viande :**

   o Réglez votre multicuiseur Ninja Combi sur la fonction « Sear/Sauté » et ajoutez l'huile d'olive.

   o Une fois l'huile chaude, ajoutez le rôti de paleron de bœuf et saisissez-le de tous les côtés jusqu'à ce qu'il soit doré. Cette étape permet de retenir les saveurs et donne à la viande une délicieuse croûte. Retirez le rôti et réservez-le.

3. **Faire revenir les aromatiques :**

   - Dans la même casserole, ajoutez l'oignon émincé et faites-le revenir jusqu'à ce qu'il devienne translucide.

   - Ajouter l'ail émincé et cuire encore une minute jusqu'à ce qu'il soit parfumé.

4. **Déglacer la marmite :**

   - Versez le vin rouge (le cas échéant) pour déglacer la casserole, en raclant les morceaux dorés du fond. Laissez mijoter quelques minutes jusqu'à ce que le vin réduise légèrement.

5. **Ajoutez les ingrédients restants :**

   - Incorporer la pâte de tomate, la sauce Worcestershire, le thym séché, le romarin séché et les feuilles de laurier.

   - Remettez le rôti de bœuf dans la casserole et ajoutez le bouillon de bœuf. Le liquide doit arriver à mi-hauteur des côtés du rôti. Ajoutez les carottes et les pommes de terre autour de la viande.

6. **Cuisson sous pression :**

- o Fixez le SmartLid et réglez le multicuiseur sur « Cuisson sous pression » à puissance élevée pendant 60 minutes.

- o Une fois le temps de cuisson terminé, laissez la pression se relâcher naturellement pendant 10 minutes, puis relâchez rapidement toute pression restante.

7. **Terminer le rôti :**

- o Retirez délicatement le rôti de bœuf et les légumes de la marmite et disposez-les sur un plat de service.

- o Si vous préférez une sauce plus épaisse, passez à la fonction « Saisir/Sauté » et laissez mijoter le liquide restant jusqu'à ce qu'il atteigne la consistance désirée. Assaisonner au goût avec du sel et du poivre.

8. **Servir:**

- o Tranchez le rôti de bœuf et servez-le avec les légumes cuits. Garnir de persil fraîchement haché pour une touche de couleur et de fraîcheur.

Portion

- **Sert :** 6 à 8 personnes

Conseils

- **Choisir la bonne coupe :** Un rôti de paleron est idéal pour le rôti en raison de son persillage, qui se décompose pendant la cuisson, rendant la viande tendre et savoureuse.

- **Déglaçage pour la saveur :** Ne sautez pas l'étape de déglaçage. Les morceaux dorés au fond de la marmite ajoutent de la profondeur et de la richesse au plat.

- **Ajustement du temps de cuisson :** Si votre rôti pèse moins ou plus de 3 lb, ajustez le temps de cuisson sous pression en conséquence. En règle générale, ajoutez ou soustrayez environ 10 minutes de temps de cuisson par livre.

- **Texture végétale :** Si vous préférez vos légumes avec un peu plus de mordant, vous pouvez les ajouter à mi-cuisson sous pression plutôt qu'au début.

- **Repos de la viande :** Laissez le rôti reposer quelques minutes avant de le trancher pour permettre au jus de se redistribuer dans toute la viande, garantissant que chaque bouchée est moelleuse et savoureuse.

☐ Poulet Tikka Masala

Ingrédients

- 3 lb de rôti de paleron de bœuf

- 2 cuillères à soupe d'huile d'olive

- 1 gros oignon, haché

- 3 gousses d'ail, émincées

- 4 carottes pelées et coupées en gros morceaux

- 3 pommes de terre pelées et coupées en gros morceaux

- 2 tasses de bouillon de boeuf

- 1 tasse de vin rouge (facultatif)

- 2 cuillères à soupe de concentré de tomate

- 2 cuillères à soupe de sauce Worcestershire

- 1 cuillère à café de thym séché

- 1 cuillère à café de romarin séché

- 2 feuilles de laurier

- Sel et poivre au goût

- **Persil frais haché (pour la garniture)**

Instructions de cuissons

1. **Préparez les ingrédients :**

   o Assaisonner généreusement le rôti de paleron de bœuf avec du sel et du poivre.

   o Préparez les légumes en hachant l'oignon, en épluchant et en coupant les carottes, puis en épluchant et en coupant les pommes de terre en gros morceaux.

2. **Saisir la viande :**

   o Réglez votre multicuiseur Ninja Combi sur la fonction « Sear/Sauté » et ajoutez l'huile d'olive.

   o Une fois l'huile chaude, ajoutez le rôti de paleron de bœuf et saisissez-le de tous les côtés jusqu'à ce qu'il soit doré. Cette étape permet de retenir les saveurs et donne à la viande une délicieuse croûte. Retirez le rôti et réservez-le.

3. **Faire revenir les aromatiques :**

- Dans la même casserole, ajoutez l'oignon émincé et faites-le revenir jusqu'à ce qu'il devienne translucide.

- Ajouter l'ail émincé et cuire encore une minute jusqu'à ce qu'il soit parfumé.

4. **Déglacer la marmite :**

- Versez le vin rouge (le cas échéant) pour déglacer la casserole, en raclant les morceaux dorés du fond. Laissez mijoter quelques minutes jusqu'à ce que le vin réduise légèrement.

5. **Ajoutez les ingrédients restants :**

- Incorporer la pâte de tomate, la sauce Worcestershire, le thym séché, le romarin séché et les feuilles de laurier.

- Remettez le rôti de bœuf dans la casserole et ajoutez le bouillon de bœuf. Le liquide doit arriver à mi-hauteur des côtés du rôti. Ajoutez les carottes et les pommes de terre autour de la viande.

6. **Cuisson sous pression :**

- Fixez le SmartLid et réglez le multicuiseur sur « Cuisson sous pression » à puissance élevée pendant 60 minutes.

- Une fois le temps de cuisson terminé, laissez la pression se relâcher naturellement pendant 10 minutes, puis relâchez rapidement toute pression restante.

7. **Terminer le rôti :**

- Retirez délicatement le rôti de bœuf et les légumes de la marmite et disposez-les sur un plat de service.

- Si vous préférez une sauce plus épaisse, passez à la fonction « Saisir/Sauté » et laissez mijoter le liquide restant jusqu'à ce qu'il atteigne la consistance désirée. Assaisonner au goût avec du sel et du poivre.

8. **Servir:**

- Tranchez le rôti de bœuf et servez-le avec les légumes cuits. Garnir de persil fraîchement haché pour une touche de couleur et de fraîcheur.

Portion

- **Sert :** 6 à 8 personnes

Conseils

- **Choisir la bonne coupe :** Un rôti de paleron est idéal pour le rôti en raison de son persillage, qui se décompose pendant la cuisson, rendant la viande tendre et savoureuse.

- **Déglaçage pour la saveur :** Ne sautez pas l'étape de déglaçage. Les morceaux dorés au fond de la marmite ajoutent de la profondeur et de la richesse au plat.

- **Ajustement du temps de cuisson :** Si votre rôti pèse moins ou plus de 3 lb, ajustez le temps de cuisson sous pression en conséquence. En règle générale, ajoutez ou soustrayez environ 10 minutes de temps de cuisson par livre.

- **Texture végétale :** Si vous préférez vos légumes avec un peu plus de mordant, vous pouvez les ajouter à mi-cuisson sous pression plutôt qu'au début.

- **Repos de la viande :** Laissez le rôti reposer quelques minutes avant de le trancher pour permettre au jus de se redistribuer dans toute la viande, garantissant que chaque bouchée est moelleuse et savoureuse.

⬜ Sandwiches de porc effiloché

Ingrédients:

- **Pour le porc effiloché :**

    o   3 lb d'épaule de porc (également connue sous le nom de mégot de porc)

    o   1 gros oignon, tranché

    o   4 gousses d'ail, émincées

    o   1 tasse de bouillon de poulet

    o   1 tasse de sauce barbecue (plus un supplément pour servir)

    o   1/4 tasse de vinaigre de cidre de pomme

    o   2 cuillères à soupe de cassonade

    o   1 cuillère à soupe de paprika

    o   1 cuillère à café de sel

    o   1 cuillère à café de poivre noir

    o   1 cuillère à café de cumin

- o 1/2 cuillère à café de poivre de Cayenne (facultatif, pour le piquant)

- **Pour servir:**

  - o 8 petits pains à sandwich

  - o Salade de chou (facultatif, pour la garniture)

  - o Cornichons (facultatif, pour la garniture)

Instructions de cuissons:

1. **Préparez le porc :**

   - o Dans un petit bol, mélangez le paprika, le sel, le poivre noir, le cumin et le poivre de Cayenne. Frottez ce mélange d'épices sur toute l'épaule de porc, en vous assurant qu'elle est uniformément enrobée.

2. **Saisir le porc :**

   - o Réglez votre multicuiseur Ninja Combi sur la fonction « Sear/Sauté ». Ajouter un peu d'huile dans la cocotte et saisir l'épaule de porc de tous les côtés jusqu'à ce qu'elle soit dorée. Cette étape permet de développer une saveur riche. Retirez le porc et réservez-le.

3. **Faire revenir les aromatiques :**

   o Dans la même casserole, ajoutez l'oignon et l'ail émincés. Faire revenir jusqu'à ce que l'oignon soit translucide et que l'ail soit parfumé.

4. **Cuisson sous pression :**

   o Remettez l'épaule de porc poêlée dans la marmite. Ajoutez le bouillon de poulet, le vinaigre de cidre de pomme, la cassonade et 1 tasse de sauce barbecue. Remuer pour combiner.

   o Fixez le SmartLid et réglez le multicuiseur sur « Cuisson sous pression » à puissance élevée pendant 60 minutes.

5. **Libération naturelle :**

   o Une fois le temps de cuisson terminé, laissez la pression se relâcher naturellement pendant 10 minutes, puis effectuez une libération rapide pour toute pression restante.

6. **Râpez le porc :**

   o Retirez délicatement l'épaule de porc de la marmite et placez-la sur une grande planche à découper.

Utilisez deux fourchettes pour déchiqueter le porc en bouchées.

7. **Mélanger avec la sauce :**

   o Réglez à nouveau le multicuiseur sur « Saisir/Sauté » et remettez le porc émincé dans la marmite. Ajoutez de la sauce barbecue supplémentaire si vous le souhaitez et remuez pour enrober uniformément le porc. Laissez mijoter quelques minutes pour fusionner les saveurs.

Portion:

- Cette recette donne environ 8 sandwichs au porc effiloché.

Conseils:

- **Personnalisez votre mélange d'épices :** N'hésitez pas à ajuster le mélange d'épices à votre goût. Pour une saveur plus fumée, ajoutez une cuillère à café de paprika fumé.

- **Variantes de sauces :** Expérimentez avec différents types de sauce barbecue. Une sauce à base de moutarde façon Caroline ou une sauce barbecue épicée au chipotle peuvent ajouter une touche unique à vos sandwichs.

- **Griller les petits pains :** Pour plus de saveur et de texture, faites griller légèrement les pains à sandwich dans le multicuiseur à l'aide de la fonction « Toast » avant d'assembler vos sandwichs.

- **Prenez de l'avance :** Le porc effiloché peut être préparé à l'avance et conservé au réfrigérateur jusqu'à 3 jours. Réchauffer dans le multicuiseur avec la fonction « Sear/Sauté » jusqu'à ce qu'il soit bien chaud.

- **Suggestions de présentation :** Servez vos sandwichs au porc effiloché avec une salade de chou classique, des cornichons ou un accompagnement de frites de patates douces. Le croquant piquant de la salade de chou se marie parfaitement avec le porc riche et savoureux.

Chili mijoté

Ingrédients:

- 2 lb de bœuf haché

- 1 gros oignon, haché

- 3 gousses d'ail, émincées

- 1 poivron, haché

- 2 boîtes (15 oz chacune) de haricots rouges, égouttés et rincés

- 2 boîtes (15 oz chacune) de tomates en dés

- 1 boîte (6 oz) de pâte de tomate

- 1 tasse de bouillon de boeuf

- 2 cuillères à soupe de poudre de chili

- 1 cuillère à soupe de cumin moulu

- 1 cuillère à café de paprika

- 1 cuillère à café d'origan séché

- 1/2 cuillère à café de poivre de Cayenne (facultatif, pour plus de piquant)

- Sel et poivre au goût

- 2 cuillères à soupe d'huile d'olive

Instructions de cuissons:

1. **Faire sauter les légumes et le bœuf :**

- o Réglez votre multicuiseur Ninja Combi sur la fonction « Sear/Sauté » et faites chauffer l'huile d'olive.

- o Ajoutez l'oignon haché, l'ail et le poivron. Faire revenir environ 5 minutes jusqu'à ce que les légumes soient tendres et que l'oignon soit translucide.

- o Ajouter le bœuf haché et cuire jusqu'à ce qu'il soit doré, en le brisant avec une cuillère pendant la cuisson. Cela devrait prendre environ 8 à 10 minutes. Égouttez tout excès de graisse si nécessaire.

2. **Mélanger les ingrédients :**

- o Ajoutez les haricots rouges, les tomates en dés, la pâte de tomates et le bouillon de bœuf dans la casserole.

- o Incorporer la poudre de chili, le cumin moulu, le paprika, l'origan séché, le poivre de Cayenne (le cas échéant), le sel et le poivre. Mélangez bien le tout pour combiner.

3. **Cuire lentement le chili :**

- Basculez la fonction sur « Slow Cook » et réglez la température sur basse.

- Couvrir avec le SmartLid et cuire pendant 6 à 8 heures, ou jusqu'à ce que les saveurs se mélangent et que le piment épaississe à votre goût.

4. **Ajustez l'assaisonnement et servez :**

- Goûtez le chili et rectifiez l'assaisonnement avec du sel, du poivre ou des épices supplémentaires si nécessaire.

- Servir chaud, garni de vos garnitures préférées telles que du fromage râpé, de la crème sure, des oignons verts hachés ou de la coriandre fraîche.

Portion:

- Cette recette sert 6 à 8 personnes, ce qui la rend parfaite pour un dîner en famille ou une réunion entre amis.

Conseils:

- **Prenez de l'avance :** Le chili est souvent encore meilleur le lendemain. Préparez-le un jour à l'avance et réchauffez-le pour un repas facile et savoureux.

- **Personnalisez la chaleur :** Ajustez le poivre de Cayenne pour contrôler le niveau de piquant. Vous pouvez également ajouter des jalapeños frais pour un piquant supplémentaire.

- **Utilisez un mélange de haricots :** Pour une texture et une saveur plus complexes, pensez à utiliser une combinaison de haricots rouges, de haricots noirs et de haricots pinto.

- **Chili plus épais :** Si vous préférez un chili plus épais, vous pouvez réduire le bouillon de bœuf de moitié ou laisser le chili cuire à découvert pendant les 30 dernières minutes pour permettre à une partie du liquide de s'évaporer.

- **Congeler les restes :** Le chili se congèle bien. Répartir les restes dans des contenants allant au congélateur et congeler jusqu'à 3 mois. Décongeler au réfrigérateur toute la nuit et réchauffer sur la cuisinière ou au micro-ondes.

- **Option végétarienne :** Pour une version sans viande, remplacez le bœuf haché par une boîte de haricots supplémentaire ou utilisez une alternative à la viande hachée à base de plantes.

Ragoût de légumes

Ingrédients:

- 2 cuillères à soupe d'huile d'olive

- 1 gros oignon, haché

- 3 gousses d'ail, émincées

- 2 carottes, tranchées

- 2 branches de céleri, tranchées

- 2 pommes de terre, coupées en dés

- 1 poivron, haché

- 1 courgette, tranchée

- 1 boîte (14,5 oz) de tomates en dés

- 4 tasses de bouillon de légumes

- 1 cuillère à café de thym séché

- 1 cuillère à café de romarin séché

- 1 feuille de laurier

- Sel et poivre au goût

- 1 tasse de haricots verts, parés et coupés en morceaux de 1 pouce

- 1 tasse de petits pois surgelés

- Persil frais haché (pour la garniture)

Instructions de cuissons:

1. **Faire revenir les aromatiques :**

   o Réglez votre multicuiseur Ninja Combi sur la fonction « Sear/Sauté ». Ajoutez l'huile d'olive dans la casserole et laissez-la chauffer.

   o Ajouter l'oignon haché et l'ail émincé dans la casserole. Faire revenir pendant 3-4 minutes jusqu'à ce que l'oignon soit translucide et que l'ail soit parfumé.

2. **Ajoutez les légumes :**

   o Ajoutez les carottes tranchées, le céleri et les pommes de terre coupées en dés dans la casserole. Cuire environ 5 minutes, en remuant de temps en temps, jusqu'à ce que les légumes commencent à ramollir.

3. **Incorporer le reste des ingrédients :**

- o Ajoutez le poivron haché, les courgettes et les tomates en dés en conserve (y compris leur jus) dans la casserole. Remuer pour combiner.

- o Versez le bouillon de légumes et ajoutez le thym séché, le romarin séché, le laurier, le sel et le poivre. Bien mélanger pour mélanger tous les ingrédients.

4. **Cuisson sous pression :**

- o Fermez le SmartLid et réglez le Ninja Combi Multicooker sur la fonction « Cuisson sous pression ». Réglez la minuterie sur 10 minutes à haute pression.

- o Une fois le temps de cuisson terminé, effectuez une libération rapide de la pression en tournant délicatement la valve de libération de pression.

5. **Ajouter les haricots verts et les petits pois :**

- o Ouvrez le couvercle et ajoutez les haricots verts et les petits pois surgelés au ragoût. Remuer pour combiner.

- o Réglez à nouveau le multicuiseur sur « Saisir/Sauté » et laissez le ragoût mijoter pendant 5 minutes supplémentaires, ou jusqu'à ce que les haricots verts soient tendres.

6. **Terminer et servir :**

   o Retirez la feuille de laurier du ragoût. Goûtez et rectifiez l'assaisonnement avec plus de sel et de poivre si nécessaire.

   o Versez le ragoût de légumes dans des bols et décorez de persil fraîchement haché.

Portion:

- Cette recette est pour 6 personnes.

Conseils:

- **Variantes :** N'hésitez pas à ajouter ou à remplacer d'autres légumes que vous avez sous la main, comme de la courge musquée, des épinards ou des champignons, pour personnaliser le ragoût à votre goût.

- **Épaisseur:** Si vous préférez un ragoût plus épais, écrasez quelques morceaux de pommes de terre contre le côté de la casserole et remuez-les dans le ragoût.

- **Stockage:** Ce ragoût de légumes se conserve bien au réfrigérateur jusqu'à 4 jours et peut être congelé jusqu'à 3 mois. Réchauffez doucement sur la cuisinière ou en utilisant la fonction « Sear/Sauté ».

- **Boost de protéines :** Pour plus de protéines, pensez à ajouter des pois chiches ou des lentilles au ragoût pendant la phase de cuisson sous pression.

- **Herbes:** Des herbes fraîches comme le thym, le romarin ou le basilic peuvent être ajoutées vers la fin de la cuisson pour une nouvelle explosion de saveur.

⬜ Frites frites à l'air

Ingrédients

- 4 grosses pommes de terre rousses

- 2 cuillères à soupe d'huile d'olive

- 1 cuillère à café de sel

- 1/2 cuillère à café de paprika (facultatif)

- 1/2 cuillère à café de poudre d'ail (facultatif)

- Poivre noir fraîchement moulu, au goût

Instructions de cuissons

1. **Préparez les pommes de terre :**

   o Épluchez les pommes de terre (si vous le souhaitez) et coupez-les en bâtonnets de taille égale, d'environ 1/4 de pouce d'épaisseur. L'uniformité est la clé pour garantir une cuisson uniforme.

2. **Faire tremper les pommes de terre :**

- o Placez les bâtonnets de pommes de terre dans un grand bol d'eau froide. Faire tremper pendant au moins 30 minutes pour éliminer l'excès d'amidon, ce qui permet d'obtenir des frites plus croustillantes.

3. **Préchauffer le multicuiseur :**

- o Réglez votre multicuiseur Ninja Combi sur la fonction « Air Fry » et préchauffez à 375 °F (190 °C) pendant environ 5 minutes.

4. **Sécher les pommes de terre :**

- o Égouttez les pommes de terre et séchez-les soigneusement avec un torchon propre. Cette étape est cruciale car un excès d'humidité peut faire cuire les frites à la vapeur plutôt que de les rendre croustillantes.

5. **Assaisonner les pommes de terre :**

- o Dans un grand bol, mélanger les bâtonnets de pommes de terre séchés avec l'huile d'olive, le sel, le paprika et la poudre d'ail (le cas échéant). Assurez-vous que toutes les frites sont uniformément enrobées.

6. **Faire frire les pommes de terre à l'air libre :**

- Placez les pommes de terre assaisonnées dans le panier de la friteuse à air en une seule couche. Vous devrez peut-être les cuire par lots en fonction de la taille de votre panier.

- Faites frire à l'air libre pendant 20 à 25 minutes, en secouant le panier à mi-cuisson pour assurer une cuisson uniforme. Les frites sont cuites lorsqu'elles sont dorées et croustillantes à l'extérieur.

7. **Assaisonner et servir :**

- Une fois cuites, retirez les frites du panier et transférez-les dans un bol de service. Assaisonner avec du sel supplémentaire et du poivre noir fraîchement moulu au goût. Sers immédiatement.

Portion

- Cette recette donne environ 4 portions.

Conseils pour des frites parfaites frites à l'air libre

1. **Tranchage uniforme :** Assurez-vous que les bâtonnets de pommes de terre sont coupés à la même épaisseur pour garantir une cuisson uniforme.

2. **Trempage:** Ne sautez pas l'étape de trempage. Enlever l'excès d'amidon aide les frites à devenir plus croustillantes.

3. **Séchage minutieux :** Séchez bien les pommes de terre après le trempage. Toute humidité résiduelle peut empêcher les frites de devenir croustillantes.

4. **Évitez la surpopulation :** Faites frire les pommes de terre à l'air libre par lots si nécessaire. Un panier trop rempli peut entraîner une cuisson inégale et des frites détrempées.

5. **Secouer le panier :** Secouez le panier à mi-cuisson pour favoriser un brunissement uniforme de tous les côtés.

6. **Expérimentez avec les assaisonnements :** N'hésitez pas à faire preuve de créativité avec vos assaisonnements. Essayez d'ajouter différentes épices ou herbes pour personnaliser la saveur à votre goût.

7. **Sers immédiatement:** Pour une texture et un goût optimaux, servez les frites immédiatement, pendant qu'elles sont chaudes et croustillantes.

☐ Poulet frit à l'air croustillant

Ingrédients

- 4 cuisses de poulet, avec os, avec la peau

- 1 tasse de babeurre

- 1 tasse de farine tout usage

- 1 cuillère à café de paprika

- 1 cuillère à café de poudre d'ail

- 1 cuillère à café de poudre d'oignon

- 1/2 cuillère à café de poivre de Cayenne (facultatif pour le piquant)

- 1 cuillère à café de sel

- 1/2 cuillère à café de poivre noir

- 1 cuillère à soupe d'huile d'olive en spray ou tout autre spray de cuisson

Instructions de cuissons

1. **Faire mariner le poulet :**

- Dans un grand bol, mélanger les cuisses de poulet et le babeurre. Assurez-vous que le poulet est entièrement enrobé. Couvrir et réfrigérer pendant au moins 1 heure, de préférence toute la nuit, pour attendrir et infuser la saveur.

2. **Préparez le revêtement :**

- Dans un autre bol, mélanger la farine, le paprika, la poudre d'ail, la poudre d'oignon, le poivre de Cayenne (le cas échéant), le sel et le poivre noir.

3. **Enrober le poulet :**

- Retirez le poulet du babeurre, en laissant l'excès de babeurre s'égoutter. Draguez chaque morceau dans le mélange de farine en appuyant fermement pour assurer un enrobage uniforme. Secouez tout excès de farine.

4. **Préchauffer le multicuiseur :**

- Préchauffez le multicuiseur Ninja Combi sur la fonction Air Fry à 375°F (190°C) pendant environ 5 minutes.

5. **Faire frire le poulet à l'air :**

- Vaporisez légèrement les morceaux de poulet d'un spray d'huile d'olive sur tous les côtés. Cela permet d'obtenir une croûte dorée et croustillante.

- Placez les cuisses de poulet dans le panier de la friteuse en une seule couche, en vous assurant qu'elles ne se touchent pas. Cuire par lots si nécessaire.

- Faire frire à l'air libre à 375 °F (190 °C) pendant 20 à 25 minutes, en retournant à mi-cuisson, jusqu'à ce que le poulet atteigne une température interne de 165 °F (74 °C) et soit doré et croustillant à l'extérieur.

6. **Servir:**

- Une fois terminé, retirez délicatement le poulet de la friteuse à air. Laissez reposer quelques minutes avant de servir pour permettre au jus de se redistribuer.

Portion

- Pour 4 personnes

Conseils pour un poulet frit à l'air parfait

- **Assurer un revêtement uniforme :** Pour le poulet le plus croustillant, assurez-vous que chaque morceau est bien enrobé du mélange de farine. Pressez la farine sur le poulet pour créer une couche épaisse et uniforme.

- **Évitez la surpopulation :** Faites cuire le poulet par lots si nécessaire pour éviter de surcharger le panier de la friteuse à air. Le surpeuplement peut empêcher l'air chaud de circuler correctement, ce qui entraîne une cuisson inégale et un poulet moins croustillant.

- **Utilisez un thermomètre à viande :** Pour vous assurer que votre poulet est cuit à la perfection, utilisez un thermomètre à viande pour vérifier que la température interne atteint 165°F (74°C).

- **Ajuster les assaisonnements :** N'hésitez pas à rectifier l'assaisonnement du mélange de farine selon vos goûts. Vous pouvez ajouter des herbes comme du thym ou du romarin, ou augmenter la quantité de poivre de Cayenne pour plus de piquant.

- **Reposez-vous avant de servir :** Laissez le poulet reposer quelques minutes après la friture à l'air libre. Cela aide les jus à se déposer, gardant le poulet humide et savoureux.

⬜ Choux de Bruxelles frits à l'air

Ingrédients:

- 1 lb de choux de Bruxelles, parés et coupés en deux

- 2 cuillères à soupe d'huile d'olive

- 1 cuillère à café de poudre d'ail

- 1 cuillère à café de poudre d'oignon

- 1/2 cuillère à café de paprika fumé

- Sel et poivre au goût

- 2 cuillères à soupe de parmesan râpé (facultatif)

- 1 cuillère à soupe de glaçage balsamique (facultatif)

Instructions de cuissons:

1. **Préparez les choux de Bruxelles :**

   - Lavez et coupez les choux de Bruxelles, en coupant les extrémités dures des tiges et en enlevant les feuilles extérieures décolorées. Coupez chaque pousse en deux pour une cuisson uniforme.

2. **Assaisonner les choux de Bruxelles :**

o Dans un grand bol, mélanger les choux de Bruxelles avec l'huile d'olive, la poudre d'ail, la poudre d'oignon, le paprika fumé, le sel et le poivre jusqu'à ce qu'ils soient uniformément enrobés.

3. **Préchauffer le multicuiseur :**

o Réglez votre multicuiseur Ninja Combi sur la fonction « Air Fry » et préchauffez-le à 400 °F (200 °C) pendant environ 3 minutes.

4. **Faire frire les choux de Bruxelles à l'air libre :**

o Placez les choux de Bruxelles assaisonnés dans le panier à légumes du multicuiseur. Assurez-vous qu'ils sont étalés en une seule couche pour une cuisson uniforme.

o Faites frire à l'air libre à 400 °F (200 °C) pendant 15 à 20 minutes, en secouant le panier à mi-cuisson pour assurer un croustillant uniforme. Les choux de Bruxelles doivent être dorés et croustillants sur les bords.

5. **Ajoutez la touche finale :**

o Si vous le souhaitez, saupoudrez de parmesan râpé sur les choux de Bruxelles immédiatement après leur sortie de la friteuse pour une couche supplémentaire de saveur.

o Arroser de glaçage balsamique avant de servir pour une touche de douceur et d'acidité qui complète les pousses croustillantes.

Portion:

- Cette recette en sert 4 en accompagnement.

Conseils:

1. **Taille uniforme :** Assurez-vous que les choux de Bruxelles sont coupés en tailles similaires pour garantir une cuisson uniforme.

2. **Évitez la surpopulation :** Ne surchargez pas le panier à légumes. Si nécessaire, faites cuire par lots pour permettre à l'air de circuler librement autour de chaque pousse, en vous assurant qu'elle devienne croustillante.

3. **Secouez pour un croustillant uniforme :** Secouez le panier à mi-cuisson. Cela aide tous les côtés des choux de Bruxelles à devenir uniformément croustillants.

4. **Variations d'assaisonnement :** Expérimentez avec différents assaisonnements pour correspondre à vos

préférences gustatives. Essayez d'ajouter des flocons de piment pour une touche épicée ou une pincée de zeste de citron pour une note lumineuse et citronnée.

5. **Vérifiez la cuisson :** Les temps de cuisson peuvent varier en fonction de la taille des choux de Bruxelles et de votre modèle de friteuse à air particulier. Surveillez-les vers la fin de la cuisson pour éviter qu'ils ne brûlent.

6. **Sers immédiatement:** Il est préférable de déguster les choux de Bruxelles fraîchement sortis de la friteuse lorsqu'ils sont les plus croustillants.

☐ Bâtonnets de mozzarella frits à l'air

Ingrédients

- 12 bâtonnets de mozzarella (fromage ficelle)

- 1 tasse de farine tout usage

- 2 gros œufs

- 2 cuillères à soupe d'eau

- 2 tasses de chapelure assaisonnée

- 1 cuillère à café de poudre d'ail

- 1 cuillère à café d'assaisonnement italien

- 1 cuillère à café de sel

- 1/2 cuillère à café de poivre noir

- Aérosol de cuisson

Instructions de cuissons

1. **Préparez les ingrédients :**

   o Déballez les bâtonnets de mozzarella et placez-les sur une plaque à pâtisserie. Congeler pendant au moins 1 heure jusqu'à ce qu'il soit ferme.

2. **Configurer la station de panure :**

   o Dans trois bols peu profonds séparés, placez la farine dans le premier bol.

   o Dans le deuxième bol, fouettez ensemble les œufs et l'eau.

   o Dans le troisième bol, mélanger la chapelure, la poudre d'ail, l'assaisonnement italien, le sel et le poivre noir.

3. **Paner les bâtonnets de Mozzarella :**

   o Trempez chaque bâton de mozzarella congelé dans la farine en l'enrobant légèrement.

   o Ensuite, plongez-le dans le mélange d'œufs en vous assurant qu'il est entièrement recouvert.

   o Enfin, roulez-le dans le mélange de chapelure en appuyant doucement pour faire adhérer la chapelure.

   o Pour un enrobage encore plus croustillant, répétez une fois de plus les étapes de l'œuf et de la chapelure.

4. **Faire frire les bâtonnets de mozzarella à l'air libre :**

   o Préchauffez le multicuiseur Ninja Combi en utilisant la fonction « Air Fry » à 360°F (180°C) pendant 3 minutes.

   o Disposez les bâtonnets de mozzarella panés dans le panier à légumes en une seule couche. Évitez de surcharger pour assurer une cuisson uniforme.

   o Vaporiser légèrement les bâtonnets de mozzarella avec un enduit à cuisson.

- Faites frire à l'air libre pendant 6 à 8 minutes, en les retournant à mi-cuisson, jusqu'à ce qu'elles soient dorées et croustillantes.

5. **Servir:**

- Retirez les bâtonnets de mozzarella de la friteuse et laissez-les refroidir légèrement avant de servir.

- Servir avec une sauce marinara, une vinaigrette ranch ou votre trempette préférée.

Portion

- Cette recette donne 12 bâtonnets de mozzarella, pour environ 4 personnes en entrée ou en collation.

Conseils

- **Gelé:** Assurez-vous que les bâtonnets de mozzarella sont bien congelés avant de les paner. Cela les aide à conserver leur forme pendant la friture à l'air libre et empêche le fromage de couler trop rapidement.

- **Double panure :** Pour un enrobage encore plus croustillant et substantiel, doublez les bâtonnets de mozzarella en répétant les étapes de dorure à l'œuf et de chapelure.

- **Aérosol de cuisson:** Une légère pulvérisation d'huile de cuisson sur les bâtonnets de mozzarella panés avant la friture à l'air libre garantit un extérieur doré et croustillant sans ajouter trop de graisse supplémentaire.

- **Même la cuisine :** Disposez les bâtonnets de mozzarella en une seule couche dans le panier de la friteuse à air, en laissant un espace entre chaque bâtonnet pour permettre une bonne circulation de l'air et une cuisson uniforme.

- **Prenez de l'avance :** Vous pouvez paner les bâtonnets de mozzarella et les congeler dans un récipient hermétique. Lorsque vous êtes prêt à cuisiner, placez-les simplement dans la friteuse directement du congélateur.

☐ Beignets frits à l'air

Ingrédients:

- 1 tasse de farine tout usage

- 1/4 tasse de sucre granulé

- 1/2 cuillère à café de levure chimique

- 1/4 cuillère à café de bicarbonate de soude

- 1/4 cuillère à café de sel

- 1/2 tasse de babeurre

- 1 œuf large

- 2 cuillères à soupe de beurre non salé, fondu

- 1 cuillère à café d'extrait de vanille

- Aérosol de cuisson

Pour le glaçage:

- 1 tasse de sucre en poudre

- 2 cuillères à soupe de lait

- 1/2 cuillère à café d'extrait de vanille

Garnitures facultatives :

- Paillettes

- Pépites de chocolat

- Sucre à la cannelle

Instructions de cuissons:

1. **Préparez la pâte :**

- Dans un grand bol, mélanger la farine, le sucre cristallisé, la levure chimique, le bicarbonate de soude et le sel.

- Dans un autre bol, mélanger le babeurre, l'œuf, le beurre fondu et l'extrait de vanille. Bien mélanger.

- Versez les ingrédients humides dans les ingrédients secs et remuez jusqu'à ce que tout soit bien combiné. Attention à ne pas trop mélanger.

2. **Façonner les beignets :**

- Farinez légèrement vos mains et façonnez la pâte en petites boules d'environ 1 à 2 pouces de diamètre, ou utilisez un coupe-beignet si vous en avez un.

- Si vous faites des trous pour les beignets, vous pouvez simplement rouler la pâte en boules plus petites.

3. **Faire frire les beignets à l'air libre :**

- Préchauffez le multicuiseur Ninja Combi en utilisant la fonction de friture à l'air libre à 350 °F (175 °C) pendant 5 minutes.

- Vaporisez le panier de la friteuse à air avec un enduit à cuisson pour éviter de coller.

- Placez les beignets dans le panier en vous assurant qu'ils ne se touchent pas.

- Faites frire à l'air libre pendant 5 à 6 minutes, en les retournant à mi-cuisson, jusqu'à ce qu'ils soient dorés et bien cuits.

4. **Préparez le glaçage :**

- Pendant que les beignets sont frits à l'air libre, préparez le glaçage en fouettant ensemble le sucre en poudre, le lait et l'extrait de vanille jusqu'à consistance lisse.

- Ajustez la consistance avec plus de lait ou de sucre en poudre si nécessaire.

5. **Glacer les beignets :**

- Une fois les beignets cuits, retirez-les de la friteuse et laissez-les refroidir légèrement.

- Trempez chaque beignet dans le glaçage, en laissant l'excédent s'égoutter.

- o Ajoutez toutes les garnitures souhaitées comme des pépites de chocolat, des pépites de chocolat ou du sucre à la cannelle.

6. **Servir:**

- o Laissez le glaçage reposer quelques minutes avant de servir.

- o Dégustez vos beignets frits à l'air faits maison frais et chauds.

Portion:

- Cette recette donne environ 8 à 10 beignets, selon la taille.

Conseils:

- **Évitez la surpopulation :** Assurez-vous que les beignets ne se touchent pas dans le panier de la friteuse à air pour permettre une cuisson et un brunissement uniformes.

- **Surveiller le temps de cuisson :** Les temps de cuisson peuvent varier légèrement en fonction de la taille de vos beignets et de votre modèle de friteuse à air spécifique. Recherchez une couleur brun doré et laissez cuire plus longtemps si nécessaire.

- **Expérimentez avec les saveurs :** N'hésitez pas à expérimenter différents glaçages et garnitures. Un glaçage au chocolat, un glaçage à l'érable ou même un simple enrobage de sucre à la cannelle peuvent ajouter de la variété.

- **Réchauffer les restes :** S'il vous reste des beignets, réchauffez-les dans la friteuse à air à 300°F (150°C) pendant quelques minutes pour retrouver leur texture fraîche et croustillante.

Dépannage et FAQ

Cuisiner avec le multicuiseur Ninja Combi peut être une expérience incroyablement enrichissante, mais comme tout appareil de cuisine, vous pourriez rencontrer quelques ratés en cours de route. Cette section est conçue pour résoudre les problèmes courants et répondre aux questions fréquemment posées afin de garantir que votre parcours culinaire soit aussi fluide et agréable que possible.

Problèmes courants et solutions

1. L'appareil ne démarre pas

- **Solution:** Assurez-vous que le multicuiseur est correctement branché sur une prise de courant fonctionnelle. Vérifiez que le cordon d'alimentation est correctement connecté à l'appareil. Si le problème persiste, essayez de réinitialiser l'appareil en le débranchant pendant quelques minutes puis en le rebranchant.

2. Le couvercle ne se verrouille/déverrouille pas

- **Solution:** Assurez-vous que la bague d'étanchéité est correctement positionnée et n'obstrue pas le couvercle. Assurez-vous que le couvercle est correctement aligné avec la base. Si la pression s'est accumulée à l'intérieur, utilisez la valve de dégagement rapide pour relâcher la pression avant d'essayer de déverrouiller le couvercle.

3. Messages d'erreur

- **Solution:** Reportez-vous à votre manuel d'utilisation pour connaître les codes d'erreur spécifiques et leur signification. Les problèmes courants peuvent inclure un manque de liquide pour la cuisson sous pression ou un couvercle mal positionné. Corrigez la cause de l'erreur et redémarrez le processus de cuisson.

4. Les aliments ne cuisent pas uniformément

- **Solution:** Assurez-vous que les aliments sont coupés en morceaux uniformes pour une cuisson uniforme. Utilisez la fonction appropriée au type de nourriture que vous préparez. Par exemple, utilisez la fonction Sear/Sauté pour dorer et la fonction Pressure Cook pour une cuisson rapide.

5. Avis de brûlure

- **Solution:** Cela peut se produire s'il n'y a pas assez de liquide dans la casserole ou si des aliments collent au fond. Ajoutez plus de liquide, remuez les ingrédients et assurez-vous que rien n'est collé au fond de la casserole avant de relancer le cycle de cuisson.

6. Steam ne sort pas

- **Solution:** Si la valve à dégagement rapide est obstruée, nettoyez-la soigneusement conformément aux instructions du manuel d'utilisation. Assurez-vous toujours que la soupape d'évacuation de la vapeur est exempte de débris alimentaires avant la cuisson.

Questions fréquemment posées

Q1 : Puis-je cuisiner des aliments surgelés dans le multicuiseur Ninja Combi ?

- **A1 :** Oui, vous pouvez cuisiner des aliments surgelés. Toutefois, les temps de cuisson seront plus longs. Pour de meilleurs résultats, reportez-vous aux directives de fonction spécifiques pour la cuisson des ingrédients surgelés.

Q2 : Quelle quantité de liquide dois-je utiliser pour la cuisson sous pression ?

- **A2 :** Généralement, vous devez utiliser au moins une tasse de liquide pour la cuisson sous pression. Cela aide à créer la vapeur nécessaire pour créer une pression et cuire les aliments uniformément.

Q3 : Puis-je utiliser des ustensiles en métal dans le multicuiseur ?

- **A3 :** Il est préférable d'utiliser des ustensiles en bois ou en silicone pour éviter de rayer le pot intérieur. Les ustensiles en métal peuvent endommager la surface antiadhésive, réduisant ainsi la durée de vie de la casserole.

Q4 : Comment nettoyer la bague d'étanchéité ?

- **A4 :** Retirez la bague d'étanchéité du couvercle et lavez-la avec de l'eau tiède savonneuse. Vous pouvez également le passer au lave-vaisselle. Assurez-vous qu'il est complètement sec avant de le remettre en place sur le couvercle.

Q5 : Puis-je préparer des desserts dans le multicuiseur Ninja Combi ?

- **A5 :** Absolument! La fonction Bake est parfaite pour les gâteaux, biscuits et autres pâtisseries. Vous pouvez également utiliser la fonction Steam pour les puddings et la fonction Air Fry pour les desserts croustillants.

Q6 : Pourquoi mes aliments ont-ils parfois un goût métallique ?

- **A6 :** Cela peut se produire si le joint d'étanchéité a absorbé les odeurs des repas précédents. Pour éviter cela, nettoyez soigneusement la bague d'étanchéité après chaque utilisation, et pensez à avoir des bagues séparées pour les plats salés et sucrés.

Q7 : Que dois-je faire si le pot intérieur est rayé ?

- **A7 :** Si la marmite intérieure est rayée, il est préférable de la remplacer pour garantir une cuisson uniforme et éviter d'autres dommages. Des pots de remplacement sont disponibles auprès de Ninja ou de revendeurs agréés.

Q8 : Comment éviter de trop cuire les légumes dans les plats composés ?

- **A8 :** Ajoutez des légumes délicats vers la fin du cycle de cuisson ou utilisez la fonction Vapeur séparément pour les cuire selon votre cuisson préférée.

En gardant à l'esprit ces conseils de dépannage et ces FAQ, vous pouvez relever en toute confiance tous les défis qui se présentent à vous lors de l'utilisation du multicuiseur Ninja Combi.

Entretien et soins

Veiller à ce que votre multicuiseur tout-en-un Ninja Combi reste en parfait état est essentiel pour sa longévité et ses performances. Un entretien et des soins appropriés prolongent non seulement la durée de vie de votre appareil, mais garantissent également qu'il continue de fonctionner efficacement et en toute sécurité. Voici un guide complet pour vous aider à entretenir et à entretenir votre multicuiseur Ninja Combi.

Nettoyage régulier

Après chaque utilisation :

- **Démonter et nettoyer les pièces amovibles :** Après chaque séance de cuisson, démontez les pièces amovibles, notamment la marmite intérieure, le couvercle, le joint en silicone et tous les accessoires utilisés. Ces pièces vont généralement au lave-vaisselle, mais vous pouvez également les laver à la main avec de l'eau tiède savonneuse. Évitez d'utiliser des éponges ou des nettoyants abrasifs pour éviter de rayer les surfaces.

- **Essuyez l'extérieur :** Utilisez un chiffon humide pour essuyer l'extérieur de l'unité principale. Assurez-vous qu'aucune humidité ne pénètre dans le panneau de commande ou dans d'autres composants électroniques. Pour les taches tenaces, utilisez un détergent doux puis essuyez avec un chiffon humide.

- **Nettoyer l'élément chauffant :** Assurez-vous que l'élément chauffant est exempt de débris alimentaires. Une brosse douce ou un chiffon humide peut être utilisé pour nettoyer cette zone en douceur. Ne plongez jamais l'unité principale dans l'eau.

Entretien hebdomadaire :

- **Nettoyez en profondeur le couvercle :** Le couvercle peut accumuler des résidus alimentaires et des odeurs. Retirez le joint en silicone et nettoyez-le soigneusement. Essuyez l'intérieur du couvercle avec un chiffon humide et un détergent doux, puis rincez bien. Assurez-vous que toutes les pièces sont complètement sèches avant de les remonter.

- **Inspectez les accessoires :** Vérifiez les accessoires, tels que les supports, les plateaux et les paniers, pour déceler toute accumulation ou tout dommage. Nettoyez-les soigneusement et assurez-vous qu'ils sont en bon état pour une utilisation future.

Nettoyage en profondeur périodique

Désodoriser et désinfecter :

- **Solution de vinaigre et d'eau :** Pour éliminer les odeurs persistantes et désinfecter le pot intérieur, remplissez-le d'une solution composée d'une part de vinaigre blanc pour trois parts d'eau. Réglez le multicuiseur sur la fonction « Vapeur » et laissez-le fonctionner pendant quelques minutes. Laissez la solution reposer dans le pot pendant une heure avant de rincer abondamment et de sécher.

Vérifiez et remplacez les joints :

- **Inspectez les joints en silicone :** Inspectez régulièrement les joints en silicone pour déceler tout signe d'usure. Si le joint semble étiré, fissuré ou endommagé, remplacez-le pour garantir que l'appareil maintient une bonne étanchéité pendant la cuisson sous pression.

Utilisation appropriée

Évitez de trop remplir :

- **Respectez les lignes de remplissage :** Respectez toujours les lignes de remplissage maximum et minimum marquées à l'intérieur du pot intérieur. Un remplissage excessif peut entraîner des problèmes d'accumulation de pression, tandis qu'un remplissage insuffisant peut affecter les performances de cuisson.

Utilisez des ustensiles appropriés :

- **Évitez les ustensiles en métal :** Utilisez des ustensiles en bois, en silicone ou en plastique pour éviter de rayer les surfaces antiadhésives du pot intérieur.

Manipuler avec soin:

- **Manipulation prudente :** Évitez de faire tomber ou de manipuler brutalement le multicuiseur et ses composants pour éviter tout dommage.

Conseils de stockage

Conservez dans un endroit frais et sec:

- **Conditions de stockage optimales :** Rangez votre multicuiseur Ninja Combi dans un endroit frais et sec, à l'abri de la lumière directe du soleil. Assurez-vous que tous les composants sont propres et secs avant le stockage.

Gardez les composants ensemble :

- **Stockage organisé :** Rangez les pièces amovibles et les accessoires avec l'unité principale pour éviter d'égarer des composants.

Dépannage des problèmes courants

Le couvercle ne ferme pas correctement :

- **Vérifiez les obstructions :** Assurez-vous qu'il n'y a pas de particules alimentaires ou de débris sur le couvercle ou sur le bord du pot intérieur qui pourraient empêcher une bonne étanchéité. Nettoyer et repositionner le joint silicone si nécessaire.

Messages d'erreur:

- **Reportez-vous au manuel :** Si vous rencontrez des messages d'erreur, reportez-vous au manuel d'utilisation pour connaître les étapes de dépannage spécifiques. Les problèmes courants peuvent souvent être résolus en s'assurant que tous les composants sont correctement assemblés et que l'appareil n'est pas trop rempli.

Cuisson inégale :

- **Remuer et superposer :** Remuez les ingrédients pendant la cuisson, en particulier lorsque vous utilisez des fonctions telles que la cuisson lente ou la saisie/sautée, pour assurer une répartition uniforme de la chaleur. Superposez les ingrédients de manière appropriée, en plaçant les éléments plus denses au fond.

En suivant ces directives d'entretien et d'entretien, vous pouvez vous assurer que votre multicuiseur tout-en-un Ninja Combi reste un compagnon de cuisine fiable et efficace.

Conclusion

Félicitations pour avoir atteint la fin du **Livre de recettes multicuiseur Ninja Combi**! En fermant ce livre, vous ne faites pas que terminer une collection de recettes, mais vous entrez dans un monde de possibilités culinaires infinies avec votre multicuiseur tout-en-un Ninja Combi.

Lorsque j'ai entrepris mon voyage avec le Ninja Combi, j'étais rempli à la fois d'enthousiasme et d'une touche d'incertitude. La gamme de fonctions et la possibilité de créer une grande variété de plats étaient exaltantes, mais aussi un peu intimidantes. Il y a eu des moments d'essais et d'erreurs, et des moments où je doutais de pouvoir un jour maîtriser cet appareil polyvalent. Mais avec de la patience, de la persévérance et un peu d'expérimentation, j'ai vite découvert que le Ninja Combi n'était pas seulement un outil, mais un partenaire dans mes aventures culinaires.

Je veux vous encourager à vous lancer avec enthousiasme et confiance. Oui, il peut y avoir une courbe d'apprentissage, et oui, il peut y avoir quelques incidents en cours de route, mais tout cela fait partie du voyage. Les recettes et astuces de ce livre sont conçues pour vous guider étape par étape, vous aidant à naviguer dans chaque fonction avec facilité et précision. En suivant les conseils fournis, vous constaterez qu'il n'y a pas de défi trop grand ni de recette trop complexe à relever.

N'oubliez pas que chaque grand chef a commencé quelque part et que chaque plat délicieux commence par une seule étape. Profitez de chaque séance de cuisine comme une opportunité d'apprendre, de grandir et d'apprécier le processus de création de quelque chose de merveilleux. Le Ninja Combi Multicooker est votre toile, et à chaque utilisation, vous gagnerez en confiance et en créativité.

Ce livre de recettes est plus qu'une simple compilation de recettes : c'est un compagnon dans votre voyage culinaire. Il vous fournit les connaissances, les compétences et l'inspiration nécessaires pour tirer le meilleur parti de votre multicuiseur Ninja Combi. Des petits-déjeuners copieux aux dîners élégants et tout le reste, vous disposez désormais des outils nécessaires pour créer des repas qui impressionneront et raviront.

Alors, étourdissez-vous ! N'ayez pas peur d'expérimenter, de faire des erreurs et de réessayer. Avec ce livre comme guide, vous découvrirez bientôt que le Ninja Combi Multicooker est un élément indispensable de votre cuisine, rendant la cuisine non seulement plus facile, mais plus agréable et gratifiante.

Merci d'avoir choisi ce livre de recettes et de lui faire confiance pour vous aider dans vos aventures culinaires. À vous de nombreux repas délicieux, des moments partagés et la joie de cuisiner avec le Ninja Combi Multicooker.

Printed in France by Amazon
Brétigny-sur-Orge, FR

21147759R00167